하루 하나 클래식 100

나의 아침에
음악을
초대하는 일

*Every
Morning
Classic*

안일구
김소라
박지혁
유정우
조민석
데얀 가브리츠

전문가가 쉽게 풀어 쓴
클래식 이야기

100편의 연주 영상
QR코드 수록

클래식 추천 명반
Best 10 소개

문예춘추사

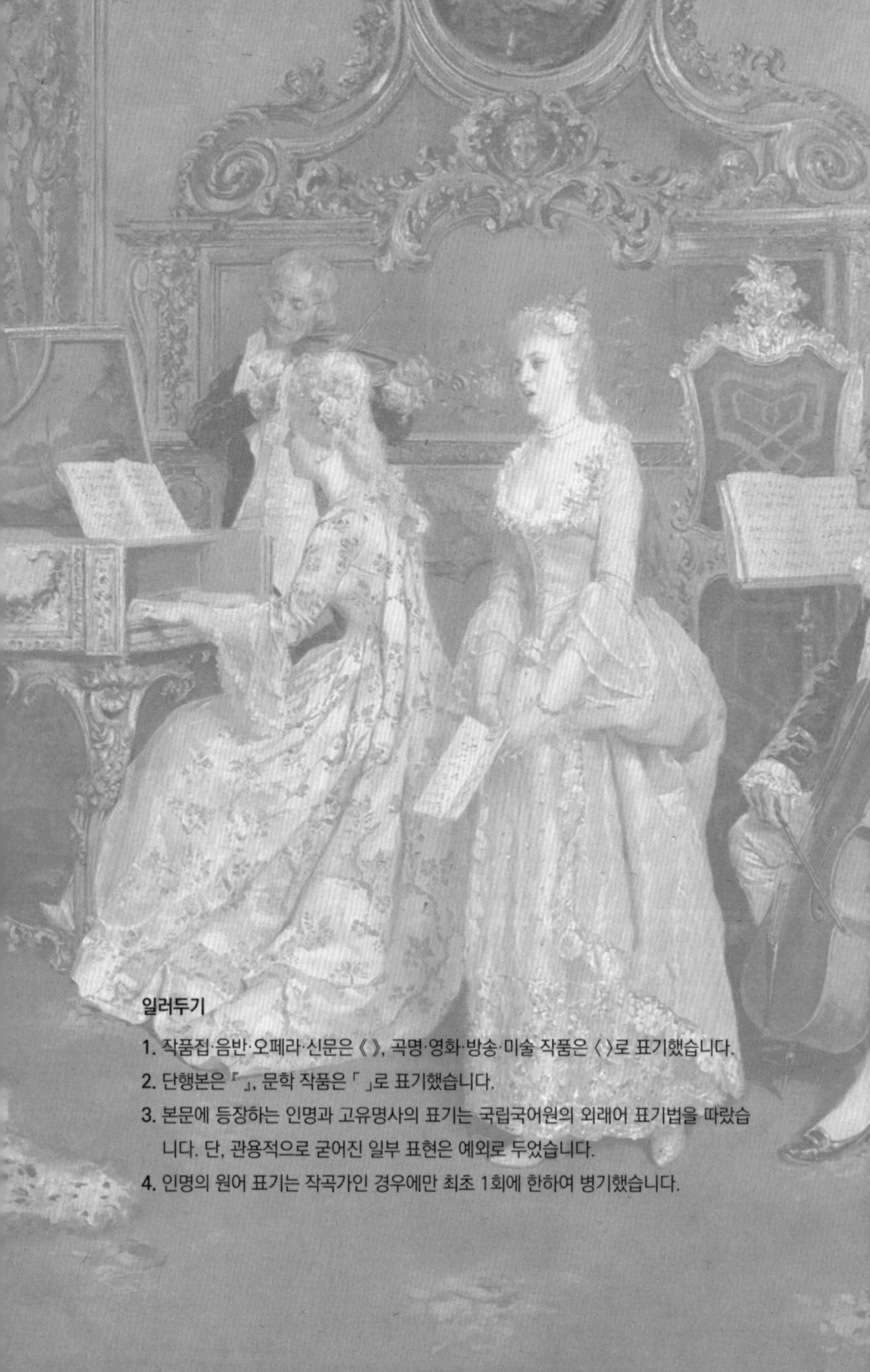

일러두기

1. 작품집·음반·오페라·신문은 《 》, 곡명·영화·방송·미술 작품은 〈 〉로 표기했습니다.
2. 단행본은 『 』, 문학 작품은 「 」로 표기했습니다.
3. 본문에 등장하는 인명과 고유명사의 표기는 국립국어원의 외래어 표기법을 따랐습니다. 단, 관용적으로 굳어진 일부 표현은 예외로 두었습니다.
4. 인명의 원어 표기는 작곡가인 경우에만 최초 1회에 한하여 병기했습니다.

어느덧 클래식 음악을 들은 지 20년이 조금 넘었습니다. 그런데 '들어야 할' 또는 '듣고 싶은' 음악은 훨씬 더 늘어난 기분이 듭니다. 클래식 음악의 세상이 너무 넓고 깊으니까요.

바흐는 모차르트를 몰랐습니다. 모차르트는 슈베르트를 몰랐습니다. 슈베르트는 브람스를 몰랐죠. 브람스는 풀랑크의 음악을 모릅니다. 풀랑크는 진은숙 선생님의 작품을 들어보지 못했습니다.

우리는 이 모두를 스마트폰 안에 넣고 시공간을 넘나들며 감상할 수 있습니다. 아주 행복한 일이죠. 그런데 문제가 하나 있습니다. 400년을 아우르는 클래식 음악의 역사 안에서 '어떤 곡을 어디서부터 어떻게 들어야 하는가' 하는 점입니다. 다른 장르와 달리 클래식 음악에서 이 부분은 결코 간단하지 않습니다.

여러분은 요즘 어디서 음악을 가장 많이 접하시나요? 저는 유튜브에서 가장 많은 음악을 듣고 있습니다. 수많은 클래식 음반사와 연주자 그리고 연주 단체는 유튜브라는 플랫폼을 통해 영상과 음악을 제공하고 있습니다. 우리는 이 온라인 공간에서 몬테베르디의 오페라부터 필립 글래스의 미니멀리즘 음악까지 모두 들을 수 있습니다. 유튜브 세상은 점점 더 커지고 있고, 하루에도 수백 개의 클래식 음악 영상이 유튜브에 올라오고 있어요.

시간은 한정되어 있는데, 선택지는 무한대가 된 것이죠. 그래서 우리 시대의 클래식 음악 애호가에게 필요한 능력은 '잘 골라 듣는 것'입니다. 하루 하나 클래식은 이 부분을 고민합니다. 먼저 저와 함께하는 팀원을 소개할게요.

음악 추천　　　　　　　　　　　　　　　　　　　Curator

유정우 클래식 음악 칼럼니스트, 한국 바그너협회 회장

조민석 독일 하노버 국립 오페라 오케스트라 첼로 수석

데얀 가브리츠 플루티스트, 독일 마인츠 국립음대 플루트 교수

글　　　　　　　　　　　　　　　　　　　　　　Editor

안일구 플루티스트, 유튜브 채널 '일구쌤 19teacher' 운영

김소라 중학교 영어 교사, 클래식 음악 블로그 운영

박지혁 플루티스트, 줄리어드 음대, 파리 시립음악원 졸업

2023년 6월에 처음 시작한 하루 하나 클래식은 매일 아침 8시에 최고의 클래식 음악을 추천하고 있습니다. 오랜 시간 클래식 음악을 폭넓게 들어 온 3명의 큐레이터가 영상을 선정하고 누구보다 음악에 대한 애정이 깊은 에디터 3명이 영상을 먼저 접한 후 그에 대한 설명을 덧붙였습니다.

이 책에는 유튜브 채널 '일구쌤 19teacher'에서 제공된 2023년 하루 하나 클래식 200개의 콘텐츠 중 100개를 선별해 담았습니다. 이제 이 책을 손에 쥔 여러분은 최소 100일은 끄떡없이 음악을 들을 수 있습니다. 여기에서 만난 100곡은 또 다른 풍성한 음악으로 이어질 거예요. 클래식에 막 발을 내디딘 입문자에게 그리고 이미 클래식에 푹 빠진 애호가에게 '하루 하나 클래식'이 새로운 자극과 즐거움을 주리라 확신합니다.

안일구

Contents

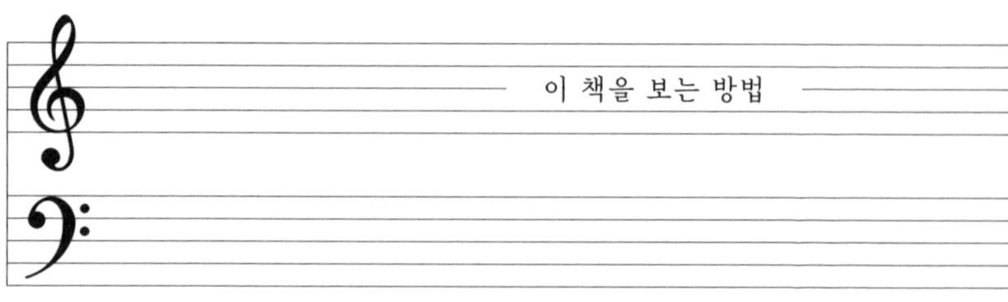

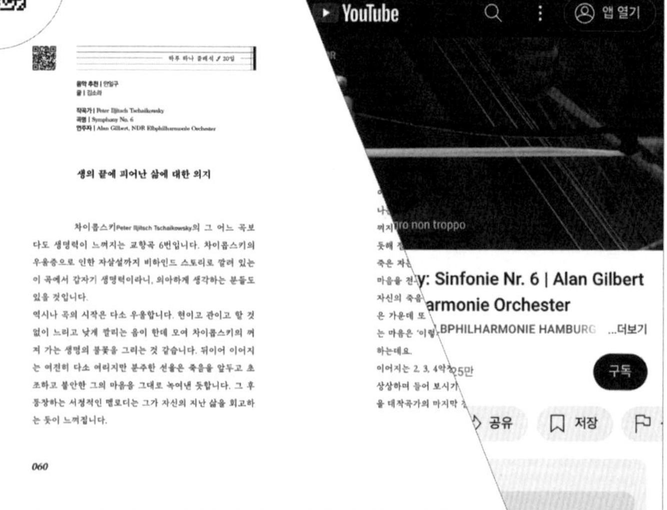

모든 글에는 연주 영상 QR코드가 수록되어 있습니다. 글을 읽기 전에 QR코드를 스캔해 주세요. 연주 영상을 감상하며 《**하루 하나 클래식 100**》을 읽으면 클래식 음악을 듣는 즐거움과 클래식 이야기를 읽는 즐거움을 동시에 만끽할 수 있습니다.

100편의 클래식 이야기를 모두 읽었다면 부록 '**두고 두고 꺼내 듣는 클래식 음반 Best 10**'을 펼쳐 볼 차례입니다. 유정우 큐레이터와 데얀 가브리츠 큐레이터가 선별한 클래식 명반을 감상해 보세요. 작곡가별로 작품을 감상하기 수월하도록 '**작곡가별 작품 찾아보기**' 페이지를 만들어 두었습니다. 좋아하는 작곡가를 살펴보세요.

음악 추천 | 조민석
글 | 김소라

작곡가 | Franz Joseph Haydn
곡명 | Concerto for Cello and Orchestra in D major, Op. 101
연주자 | Richard Egarr, hr-Sinfonieorchester, Steven Isserlis

첼로로 들려주는 하이든의 행복한 시간

첼로 하면 어떤 이미지가 떠오르나요? 제게 첼로는 대체로 '무겁고 우아한' 이미지가 강했습니다. 하지만 이 곡에선 현악기 중 가장 섬세한 바이올린 못지않게 '가볍고 밝은' 첼로를 마음껏 느낄 수 있습니다.

중후하고 귀족적인 외모에 '교향곡의 아버지'라는 별명을 가지고 있어선지 하이든Franz Joseph Haydn은 왠지 부유한 집안의 자제로 태어나 충실한 음악 교육을 받고 크게 힘든 일 없이 우아한 삶을 살았을 것 같습니다. 하지만 그는 오스트리아 동부 작은 마을에서 목수의 아들로 태어났고 어린 시절 음악 교육을 받기는 했지만 변성기로 인해 성가대를 떠나게 된 뒤로 여러 일자리를 전전하며 경제적으로 불안한 생활을 했습니다.

그러던 중 1761년 5월 1일, 그는 헝가리의 귀족 에스테르하지 가문에 부악장으로 취임했고 곧 악장으로 승진하며 30년 가까운 세월을 근무하게 되었습니다. 이 곡은 그가 안정적인 삶을 살기 시작한 바로 그 시기, 1765년부터 1775년 사이에 작곡된 것으로 추정됩니다.

이 작품은 우리가 듣기에 산뜻하고 편안한 선율을 그려 주지만 첼로 연주자들에게는 엄청난 난곡으로 알려져 있습니다. 따라서 이 영상에서 활을 잡은 이설리스의 손도 시종일관 분주한데요. 그 와중에 음악에 푹 빠진 채로 여유롭게 공중을 바라보는 그의 모습에서, 후작 가문의 악장이 되어 바쁘고 분주하게 일하면서도 어느 때보다 안정된 마음으로 창 너머의 푸른 하늘과 따사로운 햇살을 만끽했을 하이든을 그려 보게 됩니다.

하프시코드를 연주하며 지휘까지 해내는 리처드 이가, 활을 마음껏 던지며 음악을 즐기는 이설리스, 3악장의 막바지에 자리를 박차고 일어나 힘차게 연주하는 관악 연주자들까지. '얼마나 신나고 행복하면 저럴까?' 하는 생각이 절로 드는 곡입니다. 따스하게 비추는 햇빛과 부드럽게 흐르는 시냇물, 산들바람에 부딪히며 인사하는 나뭇잎이 밝고 부드러운 선율에 실려 오는, 자연에 존재하는 모든 행복을 담아낸 듯한 이 곡과 함께 행복한 하루 보내시길 바랍니다.

음악 추천 | 데얀 가브리츠
글 | 박지혁

작곡가 | Franz Schubert
곡명 | Ellens Gesang III, Op. 52, No.6, D. 839 (Ave Maria)
연주자 | Hera Hyesang Park, Sarah Tysman

차세대 프리마돈나의 〈아베 마리아〉

독일의 클래식 음반사 도이치 그라모폰의 선택을 받으며 차세대 프리마돈나로 주목받고 있는 한국인이 있죠? 바로 소프라노 박혜상입니다. 박혜상은 자신의 첫 음반에 모두가 사랑하는 슈베르트Franz Schubert의 노래 〈아베 마리아〉를 담았습니다.

〈아베 마리아〉는 월터 스콧의 서사시 「호수의 여인」을 가사로 하여 슈베르트가 작곡한 〈엘렌의 세 번째 노래〉 중 여섯 번째 곡입니다. 낭만주의 가곡의 대명사인 만큼 성모 마리아에게 기도하는 부분을 장조와 단조의 화성 변화를 절묘하게 사용해서 몰입감이 뛰어납니다. 마치 기도를 하며 생기는 마음의 변화를 슈베르트가 음악으로 표현했다고 할 수 있습니다.

슈베르트의 〈아베 마리아〉는 아주 다양하게 해석되지만 오늘의 영상은 특별합니다. 소프라노 박혜상은 높은 음과 낮은 음에 전혀 구애를 받지 않고 편안한 소리의 울림을 보여줍니다. 게다가 가사의 서정적인 표현력을 극대화해서 풍부한 감정으로 노래합니다.

소리의 맑은 울림이 끊어지지 않고 이어지는 부분은 진실한 기도의 느낌을 자아내어 듣는 내내 몸과 마음이 정화되는 기분입니다. 원작의 서사시에는 하프와 함께 기도하는 장면이라고 묘사되어 있는데, 슈베르트는 피아노의 오른손 연주를 마치 하프의 반주가 연상되도록 작곡했습니다.

자연스럽고 편안한 음악을 마음껏 뽐내는 소프라노 박혜상의 〈아베 마리아〉. 하루 하나 클래식의 유일한 외국인 큐레이터인 가브리츠 선생님이 한국인 소프라노 영상을 추천해 주셨네요. 라틴어 가사와 함께 감상해 보세요.

Ave Maria, Gratia plena
Maria, gratia plena
Maria, gratia plena
Ave, Ave, Dominus
Dominus tecum
은총이 가득하신 마리아님
기뻐하소서 주님께서 함께 계시니

Benedicta tu in mulieribus
Et benedictus
Et benedictus fructus ventris
Ventris tui, Jesus
여인 중에 복되시며
그리고 축복받은 태중의 아들
예수님 또한 복되시나이다

Ave Maria

음악 추천 | 유정우
글 | 안일구

작곡가 | Arnold Schoenberg
곡명 | Verklärte Nacht, Op. 4
연주자 | Berliner Philharmoniker, Herbert von Karajan

구스타프 말러가 기필코 연주하게 한 작품

100년 전 야유를 보내던 오스트리아 빈의 청중처럼 여전히 우리는 공연 프로그램에 쇤베르크Arnold Schoenberg의 곡이 들어 있을 때 거부감을 느끼곤 합니다. 그러나 말러Gustav Mahler의 작품이 그랬듯 쇤베르크의 음악 또한 우리와 점점 더 가까워지고 있습니다. 쇤베르크의 작품은 이미 여러 악단과 지휘자의 주요 레퍼토리가 되었고 분명 점점 더 많은 음악 애호가들에게 받아들여지고 있습니다. 그 선봉장에는 역시 〈정화된 밤〉이 있죠.

〈정화된 밤〉은 쇤베르크의 초기 작품으로 그가 스물 다섯이 되던 해 불과 3주 만에 작곡한 것으로 알려져 있습니다. 리하르트 데멜의 시 「두 사람」을 토대로 하고 있기 때문에 음악을 듣기 전에 22쪽에 있는 시를 먼저 살펴볼 것을 추천합니다. 현악 6중주로 작곡되었지만 음악은 슈트라우스Richard Strauss의 교향시를 떠오르게 합니다. 그 때문인지 쇤베르크는 이후 현악 오케스트라용으로 편곡했고 오늘 소개하는 영상 역시 오케스트라 버전입니다. 저는 악상의 폭과 솔로로 전환되는 부분 등이 극적으로 다가오기 때문에 오케스트라 버전을 더 좋아합니다.

〈정화된 밤〉이 수록된 음반 중 1973년에 발매된 지휘자 카라얀과 베를린 필하모닉의 결과물은 특히 압도적입니다. 그런데 오늘 영상은 더 귀합니다. 무려 1988년의 카라얀, 그러니까 세상을 떠나기 1년 전의 그가 베를린 필하모닉과 함께한 런던 공연 실황을 들을 수 있기 때문입니다. 비록 영상은 없지만 베를린 필하모닉의 엄청난 연주와 카라얀의 빛나는 해석이 고스란히 담겨 있습니다.

이 작품은 분명 불편하게 느껴지는 화성들이 많고 처음 듣는 사람에게는 낯설 수 있습니다. 그러나 시를 접하고 몇 번만 감상하다 보면 결코 묻힐 수 없는 명작이라는 것을 점차 깨닫게 됩니다. 작품은 시와 마찬가지로 다섯 부분으로 이루어져 있으며 음악으로 꽤 명확하게 구분이 됩니다. 저는 특히 네 번째 악장의 도입부와 다섯 번째 악장의 마지막을 좋아하는데 음악과 화성이 매우 아름답습니다.

이 작품이 세상으로 나올 수 있는 데에는 쇤베르크가 그토록 존경하던 말러가 역할을 한 것으로 알려져 있습니다. 음악 평론가 막스 그라프는 쇤베르크의 〈정화된 밤〉에 대해 이렇게 언급했다고 합니다.

"쇤베르크가 나에게 현악 6중주 악보를 가져왔더군. 사운드는 새로웠고 하모니 또한 범상치 않았지. 나는 내 판단에 자신이 없었기 때문에 구스타프 말러에게 악보를 보여 주었어. 말러는 내가 그랬던 것처럼 동요하기 시작했고 이내 아르놀트 로제(당시 빈 필하모닉의 악장)에게 자신의 사무실(빈 오페라 하우스)에서 음악가들과 함께 연주해 달라고 요청했지. 그는 나와 쇤베르크를 사적인 연주회에 초대했고 우리는 모두 열광하지 않을 수 없었어. 말러는 로제에게 반드시 이 작품을 연주해야 한다고 말했고, 로제는 다음 실내악 연주회 때 연주하기로 했지. 시끄럽게 야유해 대는 빈 청중들에게 위대한 불쾌감을 안겨 주기 위해서 말이야."

두 사람이 헐벗고 추운 숲을 걸어가고 있었다.
달은 그들을 따라가며 비춘다.
높은 떡갈나무 사이로,
구름 한 점도 없는 하늘 위에,
검고 뾰족한 끝이 달을 찌른다.
여자가 말한다:

"나는 아이를 가졌어요, 당신 아이가 아니에요.

나는 당신에게 죄를 지었어요.

나는 내 죄로 고통스러워해 왔어요.

나는 행복을 바랄 수 없어요.

하지만 그럼에도 나는 갈망했어요.

삶의 풍요로움과, 어머니의 기쁨

그리고 의무를, 그래서 나는 죄를 저질렀어요.

그리고 이제 나는 떨면서 고백하고 있어요, 내 죄를

낯선 이에게 안겨,

환희를 맛보았어요.

이 용서받지 못할 삶,

이제 당신을 찾아왔어요, 찾아왔어요."

그녀는 비틀거리며 걷는다.

그녀는 하늘을 바라보고, 달은 계속 따라온다.

빛은 그녀의 어두운 시선을 비춘다.

남자가 말한다:

"당신이 품은 아이를

영혼의 짐으로 삼지 마오.

봐요, 이 우주가 얼마나 밝게 빛나는지!

저 광채가 모두에게서 사라지고,

당신과 내가 차가운 바다를 항해하고 있다 할지라도,

우리의 마음을 뜨겁게 타오르게 할 거요.

당신이 나를, 내가 당신을.

이 열기가 그 낯선 이의 아이를 정화할 거요,

그리고 당신이 그 아이를 낳고, 내가 그 아이를 기를 거요.

당신은 나에게 빛을 주었소,

당신은 나에게 아이를 주었소.”

그는 그녀를 팔로 감싸 안는다.

그들의 숨결이 공중에서 섞여 들어간다.

두 사람은 높고 찬란한 밤을 걸어가고 있다.

쇤베르크 작품에 대해 더 알아보고 싶다면 작곡 성향에 따른 4개의 시기를 이해하면 좋습니다.

- 초기: 말러, 리하르트 슈트라우스 등의 후기 낭만의 영향, 〈정화된 밤〉 등
- 중기: 본격적인 무조음악의 시대, 〈달에 홀린 피에로〉 등
- 후기: 12음 기법의 사용, 〈모세와 아론〉 등
- 말기: 무조음악과 조성음악의 절충, 〈바르샤바의 생존자〉 등

음악 추천 | 데얀 가브리츠
글 | 안일구

작곡가 | Robert Schumann
곡명 | Piano Concerto, in A Minor, Op. 54
연주자 | Martha Argeric, Ricardo Chailly, Leipzig Gewandhaus Orchestra

슈만 피아노 협주곡의 성지

오늘 소개하는 영상은 단순히 한 편의 연주 영상이라기보다는 거대한 조각상처럼 많은 애호가의 마음에 자리 잡고 있는 걸작입니다. 이런 좋은 영상을 만나면 한 번 보고 끝나는 법이 없죠. 슈만 피아노 협주곡을 떠올릴 때마다 저는 항상 이 연주로 돌아옵니다.

2006년은 슈만Robert Schumann이 서거한 지 150년이 되는 해였습니다. 슈만을 기리기 위해 라이프치히 게반트하우스 오케스트라, 지휘자 리카르도 샤이, 피아니스트 마르타 아르헤리치가 의기투합했습니다. 자신들의 홈그라운드에서 최고의 기량을 발휘하는 게반트하우스 오케스트라를 샤이가 과감하면서도 섬세하게 이끌고 그 위에서 마치 슈만과 대화하듯 이어지는 아르헤리치의 연주는 자유롭고 황홀합니다. 마치 이 곡은 아르헤리치를 위해 슈만이 특별히 작곡한 것이 아닐까 하는 생각까지 듭니다.

슈만 피아노 협주곡의 대표적인 특징은 역시 '서정성'인데요. 1악장에서 이미 그 부분을 충분히 보여 주고 있는데, 2악장에서 극대화됩니다. 마치 하늘 위에 붕 떠 있는 느낌, 그 상태에서 오케스트라와 피아노가 사적인 대화를 나누는 듯합니다. 2악장 덕분인지 3악장 역시 큰 힘을 들이지 않고도 자연스럽고 찬란하게 느껴집니다.

이 연주는 블루레이로도 나와 있는데 슈만을 위한 특별한 해에 발매된 만큼 슈만의 4번 교향곡, 아르헤리치가 앙코르로 연주한 《어린이의 정경》 중 〈미지의 나라들〉 등도 들을 수 있으니 꼭 소장해야 할 영상이 아닌가 싶습니다.

음악 추천 | 데얀 가브리츠
글 | 김소라

작곡가 | Jean-Marie Leclair
곡명 | Sonate en mi mineur, I. Gavotte
연주자 | William Christie, Théotime Langlois de Swart

할아버지와 손자가 함께 추는 춤

바로크 하면 어떤 이미지가 떠오르나요? 프랑스어인 바로크(baroque)는 포르투갈어 'barroco'에서 왔는데, 이는 찌그러진 진주 혹은 괴이한 형태의 진주를 의미합니다. 따라서 바로크 음악이란 '괴이하고, 지나치고, 부자연스러운 음악'을 지칭한다고 해요.

하지만 이번에 소개하는 곡은 바로크 음악이 얼마나 감성적이고 아름다울 수 있는지 보여 주는 가장 좋은 예입니다. 이 곡은 장 마리 르클레르Jean-Marie Leclair의 작품으로, 그는 프랑스 바이올린 학교를 설립한 것으로 여겨지는 바로크 바이올리니스트이자 작곡가입니다.

곡의 시작은 하프시코드가 단조로운 선율을 연주하며 툭툭 끊기는 듯한 부자연스러운 느낌을 주기도 합니다. 하지만 어느새 시작되는 바이올린의 멜로디는 하프시코드의 여백을 부드럽게 채우며 풍성하고 아름다운 음을 들려줍니다. 영상 속의 하프시코드 연주자 윌리엄 크리스티는 앙상블 레자르 플로리상의 창시자입니다. 그 바로 옆은 젊은 바이올리니스트 테오팀 랑글루아 드 스와르트로, 전 세계에 바로크 바이올린의 매력을 알리고 있습니다. 이들은 1944년생, 1995년생으로 51년이라는 나이 차이가 있지만 세월을 뛰어넘어 우리에게 완벽한 화음을 선사합니다.

이 곡에 붙은 부제 '가보트(Gavotte)'는 17세기 프랑스에서 발생한 춤곡을 의미하는데요. 음악을 들으며 저는 이런 그림을 떠올렸습니다. '할아버지가 감정을 절제하며 절도 있는 춤을 출 때, 어느새 다가온 손자가 할아버지 주위를 빙글빙글 돌며 해맑게 감정을 발산하며 춤을 추는 모습'. 오늘은 이 곡과 함께 바로크 음악의 새로운 매력을 발견해 보세요.

음악 추천 | 조민석
글 | 박지혁

작곡가 | Richard Wagner
곡명 | 'Prelude' from Tristan und Isolde
연주자 | Zubin Mehta, Bayerisches Staatsorchester

오페라 《트리스탄과 이졸데》 예고편

영화 〈해리포터〉 시리즈에서 마시기만 하면 사랑에 빠지는 사랑의 묘약을 기억하나요? 사랑의 묘약을 주제로 한 서사시가 무려 12세기에도 존재했다는 사실, 그리고 그 서사시에서 영감을 받아 가슴이 절절해지는 음악을 만든 작곡가가 있다는 사실이 참 흥미롭습니다. 바그너Richard Wagner가 작곡한 《트리스탄과 이졸데》의 도입부 이야기는 이렇게 진행됩니다.

콘월의 왕 마크의 조카인 기사 트리스탄은 아일랜드 공주 이졸데와 마크 왕의 결혼을 위해 그녀를 배에 태우고 왕국으로 향합니다. 하지만 트리스탄과 이졸데는 이미 사랑하는 사이였죠. 이졸데는 왕에게 자신을 바치려는 트리스탄을 보고 분노하여 독이 든 술을 같이 마시고 죽으려고 합니다. 하지만 시녀가 독약을 사랑의 묘약으로 바꿔치기하는 바람에 둘은 더 깊은 사랑에 빠지고 맙니다.

바그너는 두 연인의 깊고 비극적인 사랑에 자신만의 '트리스탄 화성'을 만들어 긴장감을 더했습니다. 바그너 특유의 이 불편한 화성은 곡의 처음부터 등장하는데, 앞으로 전개될 사랑과 비극 이야기를 암시하고 있습니다.

1막의 전주곡은 10분 정도로 짧지만 4시간이나 되는 오페라의 수많은 내용과 감동적인 음악을 축약해서 보여 주는 예고편 역할을 합니다. 처음부터 다양한 악기가 더해지며 트리스탄 화성을 쌓아 가다가 1분 42초부터 긴장이 해소되며, 사랑의 묘약을 마신 트리스탄과 이졸데의 감정을 노래하듯 첼로 연주가 이어지고, 오보에를 비롯한 다른 악기들이 더해지며 음악이 풍성해집니다.

이 영상에서 무엇보다 주목할 점은 바이에른 주립 오케스트라를 노련하게 이끄는 지휘자 주빈 메타입니다. 그는 악기 간의 어려운 연결과 타이밍을 노련하게 조율합니다. 그의 동작을 유심히 들여다보면 그의 손에서부터 음악이 시시각각 바뀌어 가는 것을 확인할 수 있습니다. 가슴이 절절해지는 영상과 함께 바그너 오페라의 매력에 빠져 보세요.

음악 추천 | 안일구
글 | 김소라

작곡가 | Frédéric François Chopin
곡명 | Nocturne in C minor, Op. 48, No. 1
연주자 | Seongjin Cho

밤중에 흘려보내는 슬픔

'녹턴' 많이 들어 보셨죠? '야상곡'으로 번역되는 이 장르는 밤의 정취에 영감을 받아 조용하고 명상적인 분위기를 노래하는 작품을 의미합니다. 실제 '녹턴'이라는 이름으로 독자적인 작품을 작곡한 첫 인물은 아일랜드 태생의 작곡가 존 필드John Field입니다. 그러나 우리에게 가장 익숙한 것은 풍부한 서정성과 섬세함이 두드러지는 쇼팽Frédéric François Chopin의 작품일 것입니다.

영상은 조성진의 쇼팽 국제 피아노 콩쿠르 1차 〈녹턴〉 연주를 담고 있습니다. 비록 1차 무대지만 이미 많은 사람들에게 조성진이 엄청난 연주자라는 것을 각인시킨 영상인데요. 약 3분까지 이어지는 첫 부분은 오른손에 비해 무거운 왼손의 움직임이 마치 손에 연필을 세게 쥐고 감정을 절제하며 묵

묵히 시를 써 가는 시인의 모습을 떠오르게 합니다.

3분 이후, 점점 고조되는 부분은 감정을 꾹꾹 눌러 담던 강둑이 어느새 무너지고 시인의 마음속에 휘몰아치던 감정이 흰 종이 위에 한 올 한 올 피어오르는 장면이 연출되는 듯합니다. 특히 4분 10초부터 울분을 토해 내듯 분주히 움직이는 피아노 선율은 우리가 오랫동안 억눌러온 감정을 한 번 휘몰아치게 한 뒤 그 불순물을 아래로 가라앉히며 마음을 깨끗이 정화시켜 주는 것 같습니다.

쇼팽의 작품 가운데 그의 낭만적인 감정과 상념을 가장 잘 반영하고 있는 것이 〈녹턴〉인데, 그는 이 작품을 모두 21곡 작곡했습니다. Op. 48의 1번은 서사적인 동시에 드라마틱한 음악 양식의 절정을 보여 주며 쇼팽의 발라드나 피아노 협주곡을 능가하는 기교와 장대함이 펼쳐집니다.

영상 속 조성진의 표정에서도 느껴지듯 이 곡은 '차마 말로는 다 할 수 없는 슬픔'을 표현하는 듯합니다. 오늘은 자기 전 이 곡을 들으며 쇼팽이 만들어 낸, 그리고 조성진이 연주하는 건반의 선율에 모든 슬픔을 흘려보내길 바랍니다.

음악 추천 | 데얀 가브리츠
글 | 안일구

작곡가 | Franz Joseph Haydn
곡명 | Symphony No.88
연주자 | Leonard Bernstein, Wiener Philharmoniker

지휘할 때 꼭 손이 필요한 건 아니지

이번에 소개하는 영상은 번스타인과 빈 필하모닉의 멋진 기록 중 하나입니다. 하이든의 88번 교향곡 중 4악장을 앙코르로 연주하는 모습인데요. 번스타인은 곡이 시작될 때를 제외하고는 몸을 거의 움직이지 않습니다. 음악은 흘러가고 번스타인은 단원들을 애정 어린 눈빛으로 바라보고 있습니다.

그런데 계속 보다 보니 아무것도 안 하는 것 같진 않습니다. 일단 표정이 곡의 캐릭터를 정확하게 보여 주고 있네요. 또한 중요한 악기들을 번갈아 쳐다보며 악보에 있는 모든 것들이 소리로 잘 나오도록 격려하는 역할도 합니다. 마지막으로 단원들이 알아서 잘할 거라고 믿어 주는 것이 가장 큰 역할이라고 할 수 있겠네요.

하이든의 88번 교향곡은 그의 음악 중에서 가장 빛나는 작품 중 하나지만 최근의 연주에서는 많이 듣지 못했습니다. 특히 88번의 4악장은 그가 작곡한 곡 중 가장 즐겁고 생기발랄한 음악입니다. 듣는 사람들에게 전해지는 즐거움과는 반대로 단원들은 빠른 템포와 중간중간 서로 주거니 받거니 하는 부분들로 인해서 긴장을 잠시도 늦출 수 없는 곡이죠. 4악장이 마음에 들었다면 전곡을 들어 보셔도 좋겠습니다.

음악 추천 | 데얀 가브리츠
글 | 박지혁

작곡가 | Antonín Dvořák
곡명 | Piano Quintet No.2 in A Major, Op. 81
연주자 | Menahem Pressler, Quatuor Ébène

90번째 생일과 젊음 사이

1,800명의 관객이 부르는 생일 축하 노래와 함께 연주자들이 입장합니다. 이 공연은 2013년 파리에서 열린 메나헴 프레슬러의 90세 생일 기념 공연인데요. 그중 드보르자크Antonín Dvořák의 피아노 5중주를 소개해 드립니다.

90세의 대가와 젊은 연주자들의 완벽하고 열정적인 연주로 나이 경계가 허물어지며 생동감만이 남아 있습니다. 메나헴 프레슬러의 정수가 담긴 맑은 울림과 세계 최고의 현악 4중주단 중 하나인 에벤 콰르텟의 긴밀한 호흡은 곡의 짜임새를 더 촘촘하게 완성해 나갑니다.

이 곡의 탄생에도 뒷이야기가 많은데요. 드보르자크는 자신의 피아노 5중주 1번을 초연했지만, 마음에 들지 않아 악보를 파기해 버립니다. 15년이 지나 친구가 가지고 있던 복사

본을 통해 재건하려 하지만 그마저도 드보르자크의 마음에 들지 않았다고 합니다. 그래서 그는 새로운 곡을 쓰기로 결심하고 작곡을 하는데요. 그 곡이 피아노 5중주 2번입니다. 1번의 재건을 통해서 더 좋은 곡을 만들려는 시도가 1번의 영광을 넘어서는 곡이 되었다고 평가하는 사람들이 많습니다. 그 사실을 알고 나니 드보르자크가 지녔던 작품에 대한 고뇌와 민속 음악에 대한 사랑이 들리네요.

2023년 5월 6일 피아니스트 메나헴 프레슬러는 만 99세의 나이로 타계했습니다. 마지막 순간까지 그의 연주를 볼 수 있어서 감사한 마음입니다. 2악장의 둠카(애상적인 부분과 생동감 있는 부분이 교차하는 유럽의 민속 음악)는 자신을 위한 애가(哀歌) 같이 느껴져 더욱 와닿습니다.

1악장의 도입부부터 프레슬러의 연주를 통해 바로 감동을 받을 수 있지만 시간이 부족하다면 다음과 같이 감상해 보세요. '힘차고 밝은 아침의 힘'을 받고 싶다면 3악장을, '차분하고 우울한 분위기 속의 아름다움'을 느끼고 싶다면 2악장 둠카를 추천해 드립니다.

음악 추천 | 안일구
글 | 김소라

작곡가 | Ruggero Leoncavallo
곡명 | "Vesti La Giubba" from Pagliacci
연주자 | Mario Lanza

웃어라, 사랑이 떠나 버렸을지라도

미국의 유명 테너이자 영화배우였던 마리오 란자의 유작 〈For the First Time〉에 등장하는 〈의상을 입어라(Vesti La Giubba)〉입니다. 영화 속의 한 장면이기에 영화 음악이라고 생각하는 분들도 있을 텐데요. 원래 이 곡은 이탈리아 작곡가 루제로 레온카발로Ruggero Leoncavallo가 1829년에 완성한 오페라 《팔리아치》에 등장하는 아리아입니다. 팔리아치는 이탈리아어로 유랑 극단의 광대를 뜻합니다.

이 오페라는 2막으로 구성된 짧은 작품으로 이 곡은 그중 1막 끝부분에 광대 역의 카니오가 아내 넷다의 불륜을 알게 된 순간, 광대의 희극적인 몸짓을 보여 주면서도 아내의 불륜에 슬퍼하는 양면적 연기를 하는 장면에서 흘러나옵니다.

노래의 가사는 카니오의 무너져 내리는 마음을 대변하고 있습니다. 배신감, 분노, 슬픔에 몸부림치면서도 광대로 분장하고 웃어야 하는 운명에 카니오는 이렇게 노래합니다. 'Ah! Ridi Pagliaccio, sul tuo amore infranto!(오! 웃어라 팔리아치오, 너의 깨져 버린 사랑 때문에!), Ridi del duol che t'avvelena il cor!(웃어라, 가슴 찢어진 슬픔을!)'

언어가 통하지 않아도 음악은 감동을 주기 때문일까요? 가사와 내용을 모르더라도 광대 분장으로 우스울 법한 카니오의 노래에서 왠지 모를 절규와 슬픔이 느껴집니다. 또한 영상을 보며 역사상 최고의 테너라 불린 마리오 란자의 노래에 놀라고 고통에 절규하는 연기에 다시 한번 놀라게 됩니다. 특히 1분 55초부터 마지막까지 이어지는 가창은 자꾸만 돌려 볼 정도로 진한 감정을 담아내고 있습니다. 우리가 왜 오페라에 흠뻑 빠지게 되는지 알 수 있는 부분이죠.

오늘은 그의 노래와 함께 위로받는 하루가 되면 좋겠습니다.

음악 추천 | 조민석
글 | 안일구

작곡가 | Giuseppe Donizetti
곡명 | "Quel sangue versato" from Roberto Devereux
연주자 | Edita Gruberova, Bayerischen Staatsoper

영원히 기억될 목소리

2019년 뮌헨에서 펼쳐진 《로베르토 데브뢰》 공연. 당시 70세가 넘었지만 여전히 대단한 기량의 드라마틱 콜로라투라 소프라노, 에디타 그루베로바의 마지막 무대가 끝났습니다. 뮌헨의 바이에른 오페라 하우스에는 그녀의 은퇴를 기념하는 꽃가루가 뿌려졌습니다. 308회 공연에 감사를 표하는 궁정가수(Bayerische Kammersängerin, 극장을 빛낸 최고의 성악가에게 주어지는 상) 수여식도 진행되었습니다. 그녀는 그렇게 엘리자베스 여왕의 모습 그대로 무대를 떠났고, 그로부터 2년 후 안타깝게도 세상을 떠났습니다.

그녀의 목소리를 처음 들은 사람들이 하나같이 하는 이야기가 있습니다. '소름이 돋는다'. 물론 라이브 공연을 봤을 때의 이야기지만 이 영상에서는 간접적으로나마 그녀의 훌륭한 기교, 목소리, 연기력, 음악성을 엿볼 수 있습니다. 이 영상을 추천한 조민석 첼리스트는 오케스트라 단원으로 그녀의 마지막 무대를 함께했다고 하는데요. "이 영상은 2005년 영상이지만 그녀의 마지막 공연과 같은 극장, 같은 연출, 같은 역할이 그대로 담겨 있습니다. 마지막 공연과 이 영상 속 그녀의 노래는 달라진 게 없었습니다."라고 코멘트하기도 했습니다.

《로베르토 데브뢰》는 도니체티가 다룬 '여왕 3부작' 중 마지막에 해당하는 오페라입니다. 이 작품에서 가장 유명하고 강력한 음악은 마지막에 등장합니다. 바로 엘리자베타 여왕의 〈당신이 흘린 피는(Quel sangue versato)〉이라는 아리아인데요. 사랑했던 로베르토 데브뢰의 죽음에 동의하는 서명을 해야 했던 자신의 처지와 어리석음에 분노하며, 완전히 넋을 잃은 엘리자베타가 부르는 아주 감동적인 아리아입니다. 로베르토에 대한 사랑, 여왕의 의무, 사랑에 대한 배신감이 모두 한데 어우러져 있습니다. 감정 표현도 어렵지만 이 곡은 넓은 음역과 어려운 테크닉으로 모든 소프라노에게 아주 도전적인 곡입니다. 이 시대 최고의 소프라노라 불렸던 에디타 그루베로바는 이 곡을 어떻게 소화하고 있을까요? 영상만으로도 소름이 돋는 경험을 해 보시길 바랍니다.

음악 추천 | 조민석
글 | 안일구

작곡가 | Richard Strauss
곡명 | Der Rosenkavelier Suite
연주자 | Mariss Jansons, Royal Concertgebouw Orchestra

30분 안에 만끽하는 《장미의 기사》

"안녕하세요. 《장미의 기사》를 작곡한 리하르트 슈트라우스입니다." 제2차 세계 대전 후 슈트라우스가 살던 곳에 미국 점령군이 왔을 때 슈트라우스는 미군들에게 자신을 이렇게 소개했다고 합니다. 그만큼 작곡가 본인도 가장 자랑스러워한 오페라가 《장미의 기사》입니다.

리하르트 슈트라우스는 재밌게도 '리하르트 바그너'와 이름이 같고 '요한 슈트라우스'와 성이 같습니다. 오페라에 등장하는 아름다운 음악을 발췌해 만든 《장미의 기사 모음곡》에서는 마치 바그너와 같은 오케스트레이션으로 슈트라우스와 같은 왈츠를 경험할 수 있습니다.

리하르트 슈트라우스의 음악은 악보로 봤을 때 복잡하고 어렵지만 또 들어 보면 간결하고 쉽습니다. 어려운 테크닉으로 연주자나 지휘자를 곤란하게 하지만 관객들에게 전해질 때는 멋지게 채색된 음악을 하나의 선물처럼 선사합니다. 이를 증명하듯 슈트라우스의 《장미의 기사》는 예나 지금이나 무척 인기 있는 오페라입니다. 1911년 드레스덴 초연 당시에는 베를린과 드레스덴을 오가는 기차를 추가로 배차할 정도였다고 해요. 110년이 지난 현재에도 독일어권 국가에서는 《장미의 기사》가 연주되는 날은 공연장과 그 주변이 매우 붐비기도 합니다.

《장미의 기사》는 호프만스탈의 대본으로 1910년에 작곡된 3막 구성의 희극 오페라입니다. 18세기 오스트리아 빈을 배경으로 하고 있으며 젊은 귀족 옥타비안과의 밀회를 즐기는 원수 부인이 마지막에는 인생 선배의 면모를 보이며 아름답게 그를 놓아준다는 이야기를 담고 있습니다. 18세기에는 청혼할 때 신랑 측이 신부 측에 결혼의 징표로 은으로 만든 장미를 전달했다고 합니다. 이때 전달자 청년을 '장미의 기사'라고 불렀다고 하는데, 사실 이는 존재하지 않은 관습이라고 해요.

입가에 미소가 지어지는 동화 같은 이야기는 음악으로도 그대로 전달됩니다. 오페라를 직관하려면 쉬는 시간을 포함해 4시간 이상이 걸리지만 모음곡에서는 슈트라우스의 황홀한 관현악 사운드와 오페라 속의 주요 장면을 30분 안에 만끽할 수 있습니다.

이제는 볼 수 없는 그리운 지휘자, 마리스 얀손스는 그가 사랑했던 이 음악에 흠뻑 빠져 있는 것 같습니다. 로열 콘세르트허바우 오케스트라의 연주 또한 일품입니다. 마리스 얀손스는 이 곡을 바이에른 방송 교향악단과도 함께 녹음해서 앨범으로도 들으실 수 있고요. 카라얀이나 틸레만이 지휘한 오페라 《장미의 기사》 역시 꼭 한번 들어 보길 추천합니다.

음악 추천 | 데얀 가브리츠
글 | 안일구

작곡가 | Franz Schubert
곡명 | Der Vater mit dem Kind, D. 906
연주자 | Georg Nigl, Olga Pashchenko

아이를 안은 아버지의 고통과 행복

'지적이고도 매력적인, 그리고 극도로 센서티브한 리사이틀' 오늘 소개할 음악이 담긴 앨범에 쏟아진 찬사입니다. 글을 쓰기 위해 이 곡을 스무 번 이상 들었는데 조금도 질리지 않습니다.

슈베르트의 비교적 덜 알려진 작품 〈아이와 아버지(Der Vater mit dem Kind, D. 906)〉는 아버지의 품에 폭 안겨 미소를 띠며 잠자는 아이의 모습을 그리고 있습니다. 그런데 어머니는 어디 갔을까요? 가사를 가만히 살펴보면 알 수 있습니다. 두 번째 단락 마지막의 가사와 세 번째 단락에 나오는 아버지의 눈물은 아이를 낳다가 어머니가 죽은 것을 암시하고 있습니다.

오스트리아 출신의 성악가 게오르그 니글은 이 슬픔에 무게를 싣고 있습니다. 그로 인해 이어지는 장조 부분에서 아이를 보며 느끼는 행복감 또한 황홀하게 표현됩니다. 피아니스트 올가 파쉬첸코는 2/2박자의 묘미를 아주 잘 살리고 있는데요. 정박의 4분음표를 약하고 짧게 처리하면서 공백을 많이 만들어 음악의 프레이즈를 아주 넓게 만들고 있습니다. 그로 인해 그 위에 살포시 얹히는 성악가의 목소리는 아름답게 빛나고 가사의 아주 작은 부분까지 편안하게 감상할 수 있습니다.

이 곡은 슈베르트가 개인적으로 가까이 교류하던 오스트리아의 작가 에두아르드 폰 바우에른펠트가 시를 썼습니다. 그는 슈베르트의 가곡 〈실비아에게, D 891〉에서 셰익스피어의 시 「Who is Sylvia?」를 독일어로 번역하기도 했습니다.

아주 심플하고 소박한 곡이지만 최근 몇 년 동안 들었던 모든 성악곡 중에 가장 많은 감동을 한 음악입니다. 가곡은 동영상보다 음원이 좋을 때가 많습니다. 더 많은 상상력이 허락되고 가사가 또렷이 들리기 때문입니다. 오늘만큼은 1800년대의 시와 슈베르트의 음악을 천천히 음미하면서 감상해보세요.

아이는 아버지의 품에 안겨 있다.

너무 편안하고, 너무 따뜻하게,

그 아이는 상냥하게 웃는다: "사랑하는 나의 아버지!"

그리고 미소를 지으며 잠에 든다.

아버지는 숨을 멈추고 가만히 몸을 구부린다.
그리고 아이의 꿈에 귀를 기울인다.
그는 고통에 가득찬 그리움으로
지나간 일을 생각한다.

그리고 마음 깊은 곳에서 눈물이 나와
아이의 입에 떨어진다.
그는 재빨리 키스로 눈물을 닦아낸다.
그리고 아이를 위아래로 가볍게 흔든다.

온 세상을 얻기 위해
그가 그 아이를 낳지 않았더라면!
세상에 그런 행복을 품에 안은 자는
이미 이 세상에서 축복받은 자로다!

음악 추천 | 조민석
글 | 박지혁

작곡가 | Giacomo Puccini
곡명 | "Si mi chiamano Mimi" from La Bohème
연주자 | Mirella Freni

"너는 로돌포구나, 나는 미미야."

세계적으로 유명한 소프라노인 미렐라 프레니 버전의 〈내 이름은 미미(Si mi chiamano Mimi)〉를 소개합니다. 오케스트라 반주와 아리아의 멜로디가 어우러지며 그녀의 미세한 표정 연기와 대사를 표현하는 부분이 몇십 년이 지난 지금도 시대감이 느껴지지 않을 만큼 감미롭네요.

《라 보엠 La Bohème》에서 가장 유명한 아리아로 꼽히는 〈내 이름은 미미〉는 소설 속에 등장하는 4명의 예술가 중 시인 로돌포와 미미가 처음 만나서 대화하는 장면을 그려 냅니다. 로돌포가 〈그대의 찬 손〉을 노래하며 사랑의 마음을 표현하자, 미미가 자신이 어떤 사람인지 소개하듯이 자신의 일상과 느낌을 아름답게 노래합니다.

19세기 후반 프랑스의 젊은 예술가들은 거처 없이 떠돌며 진정한 예술을 위하여 열정과 사랑을 바쳤고, 그들은 자신을 가리켜 '보헤미안'이라고 불렀습니다. 푸치니_{Giacomo Puccini}는 프랑스 소설가 앙리 뮈르제의 『보엠 인생의 장면들』에 큰 감동을 받고 대본 작가, 시인과 함께 곡을 붙여 《라 보엠》을 작곡했습니다.

푸치니는 슬픔이란 감정이 사람들의 감성을 자극하고 극적인 충격을 가장 잘 보여 준다는 것을 알고 있었습니다. 아시다시피 《라 보엠》은 미미가 사랑하는 로돌포의 품에서 죽게 되는 비극적인 결말로 마무리되죠. 로돌포와 미미가 처음 알아가는 내용의 이 아리아는 결말의 비극과 대비되며 밝고 아름답게 들립니다.

음악 추천 | 유정우
글 | 김소라

작곡가 | Johann Sebastian Bach
곡명 | Concerto in A minor BWV 1065
연주자 | Netherlands Bach Society

바흐의 행복은 하프시코드를 타고

'네덜란드 바흐 소사이어티'가 연주하는 바흐Johann Sebastian Bach의 〈네 대의 하프시코드를 위한 협주곡〉입니다. 다양한 무늬가 새겨진 네 대의 하프시코드가 시선을 확 사로잡는데요. 피아노와 비슷하게 생긴 이 악기는 14세기경 이탈리아 또는 플랑드르 지역에서 고안된, 현을 뜯어 소리를 내는 악기입니다. 피아노가 상용화되기 이전 르네상스와 바로크 시대의 대표적인 독주 및 합주 악기였어요. 음량은 피아노에 비해 전반적으로 작고 현을 튕길 때 나는 찰랑거리는 음색이 특징입니다.

한편 이 곡은 비발디Antonio Vivaldi의 〈네 대의 바이올린을 위한 협주곡 b단조, Op. 3-10〉을 편곡한 것인데요. 바흐는 평소 비발디를 존경하고 그의 곡을 매우 좋아해 악보를 옮겨 적으며 공부하곤 했다고 합니다. 보통 합주에서 피아노는 다른 악기를 모두 아우르며 감싸 주는데요. 그러나 이 곡에 등장하는 하프시코드가 연주하는 선율은 함께 등장하는 현악기들과 같이 마음에 섬세하게 다가와 그 사이사이를 챙챙 부딪히며 원곡을 더 잘 살려 주는 것 같습니다.

하지만 바흐의 이 곡은 원곡보다 더욱 따뜻합니다. 여기에는 '그래도 건반 악기'인 하프시코드의 역할도 크겠지만 이 곡에 아이들을 사랑하는 바흐의 마음이 담겼기 때문일 것입니다. 1730년 무렵, 바흐는 성 토마스 교회 음악 감독으로 바쁜 일상을 보내고 있었습니다. 바쁜 와중에도 집에 돌아와 아이들과 악기를 연주하며 피곤함을 잊었다고 해요.

이 곡은 그런 바흐가 아이들과 함께 연주하기 위해 작곡했다고 합니다. 그는 첫째 아들, 둘째 아들과 더불어 그가 아끼는 제자와 함께 넷이서 이 곡을 집에서 연주했다고 해요. 오늘 하루는 이 곡과 함께 네 대나 되는 하프시코드 속에 숨어 있는 현악기의 섬세함과 그 아래 흐르는 바흐의 사랑과 행복을 느껴 보길 바랍니다.

음악 추천 | 박지혁
글 | 박지혁

작곡가 | Johannes Brahms
곡명 | Intermezzo in A major, Op. 118, No. 2
연주자 | Andreas Ottensamer, Yuja Wang

일몰과 호수, 그리고 브람스의 콜라보

보통 클래식 음악 영상은 실내 공연장에서 연주되는 실황을 많이 보게 됩니다. 하지만 이 영상은 색다릅니다. 우선 원래 피아노를 위한 곡으로 작곡된 브람스Johannes Brahms의 〈6개의 피아노 소품〉 중 두 번째 인테르메조를 클라리넷과 피아노의 구성으로 편곡해 듀엣으로 연주하고 있습니다.

현재 베를린 필하모닉 오케스트라의 수석 클라리넷 연주자로 있는 안드레아스 오텐잠머와 세계적 피아노 스타인 유자 왕의 연주도 수준급입니다. 촬영 장소도 아주 인상적입니다. 최근에는 곡과 어울리는 장소나 자연 속에서 함께 연주하는 이런 영상이 많이 등장하고 있죠.

두 연주자는 호수 위에서 자연과 하나 되어 촬영을 했는데요. 이 곡의 분위기와 정말 잘 어울립니다. 곡이 호소하는 따뜻한 오후의 햇살과 일몰, 그리고 사랑의 설렘을 그대로 담았습니다. 두 연주자와 더불어 현대적인 뮤직비디오 촬영 기법은 더 깊은 몰입감을 선사합니다. 피아니스트 유자 왕은 보통 정교한 연주와 엄청난 속주로 유명한데, 이 곡에서는 연주자의 뛰어난 음악성 또한 엿볼 수 있습니다.

5분 42초라는 짧은 시간이지만 ABA 형식으로 구성되어 있어서 초반 2분 정도에 나온 음악이 B 파트를 거쳐 다시 나오게 됩니다. B 파트에서 다시 A 파트로 돌아오는 구간의 묘미를 들어 보면 좋겠습니다. 3분 50초를 지나올 때 마치 강렬했던 태양이 끝내 지는 것처럼 B 파트의 열정적이고 격한 감정이 다시 부드럽고 따뜻한 사랑으로 돌아옵니다. 이 곡과 따뜻한 일몰 시간을 같이 즐겨 보세요.

음악 추천 | 안일구
글 | 안일구

작곡가 | Antonio Vivaldi
곡명 | "Winter" from Four Seasons
연주자 | Cynthia Miller Freivogel, Voices of Music

기부금 1억을 이끌어 낸 비발디의 겨울

이 영상은 2024년 5월 기준 조회 수가 무려 5600만 회에 달하고 있으며 기부금은 1억 원을 넘었습니다. 음악의 힘이 엄청나죠. 영상을 처음 접했을 때 정말 충격 그 자체였습니다. 그동안 들어 왔던 비발디의 〈사계〉가 머릿속에서 완전히 지워질 정도였어요. 영상을 업로드한 채널 'Voices of Music'은 주로 바로크나 르네상스 시대의 음악을 시대 악기로 연주하는 단체입니다. 뛰어난 영상을 아주 많이 생산해 내고 있으니 구독을 추천합니다.

독주자와 나머지 앙상블이 혼연일체 되어 같은 겨울을 그리면서 음악을 만들고 있습니다. 시대 악기로 연주하는 만큼 활을 쓰는 방식이 매우 흥미롭습니다. 모두가 사랑하는 2악장에서는 독주자가 화려한 오너먼트(악곡에 여러 가지 변화를 주기 위하여 꾸미는 음)를 넣어 연주하고 있는데 주선율의 아름다움을 유지하면서 독창적으로 음악을 꾸미고 있습니다.
〈사계〉는 정확하게 밝혀지지 않았지만 대략 300년 전에 작곡되었다고 합니다. 300년의 시간을 건너오는 동안 연주자들에 의해 수천수만 가지의 해석이 나오고 있습니다. 그중 하나가 이 영상이고 이들이 해석하는 겨울은 비발디가 그려 내고자 했던 겨울에 매우 가까울 뿐 아니라 현대에 살고 있는 사람들의 마음도 움직이고 있습니다.
〈사계〉에는 작가를 알 수 없는 짧은 소네트(시)가 각각의 악장마다 붙어 있는데요. 겨울에 해당하는 소네트를 한번 읽어 보신 후 음악을 듣는 것도 좋은 감상이 될 수 있습니다.

- 제1악장: 얼어붙을 듯이 차가운 겨울. 산과 들은 눈으로 뒤덮이고 바람은 나뭇가지를 잡아 흔든다. 이가 딱딱 부딪칠 정도로 추위가 극심하며 따뜻한 옷을 입으면서 시원한 음식을 먹는다.
- 제2악장: 그러나 집안의 난롯가는 아늑하고 평화로운 분위기로 가득 차 있다. 밖에는 차가운 비가 내린다.
- 제3악장: 꽁꽁 얼어붙은 길을 조심스레 걸어간다. 미끄러지면 다시 일어나 걸어간다. 바람이 제멋대로 휘젓고 다니는 소리를 듣는다. 이것이 겨울이다. 그렇지만 겨울은 기쁨을 실어다 준다.

음악 추천 | 데얀 가브리츠
글 | 박지혁

작곡가 | Georg Friedrich Handel
곡명 | The Triumph of Time and Truth, HMV 71: "Guardian Angels, Oh, Protect me"
연주자 | Lea Desandre, Jupiter Ensemble

"수호천사여 제 기도를 들어주세요."

인생의 힘든 시기를 지나며 마음의 평화와 안정이 필요한 분들에게 오늘의 음악을 추천합니다. 헨델Georg Friedrich Handel의 〈The Triumph of Time and Truth〉는 '시간과 진실의 승리'라는 뜻의 오라토리오(성경을 바탕으로 한 종교적 극음악)입니다. 헨델이 50년의 세월 동안 총 세 가지 버전으로 작곡하고 수정했는데 오늘 소개할 곡은 가장 마지막에 작곡된 버전 중 〈수호천사들이여, 오, 나를 지켜 주소서〉라는 곡입니다.

메조소프라노 레아 데장드르와 오보에의 솔로 연주는 기도를 음악으로 표현하며 대비됩니다. 성악의 노래는 맑은 소리로 심장을 울리고, 오보에는 묵직하면서도 슬픈 감정으로 다른 악기 반주와 조화롭게 어울립니다. 바로크 음악의 대표적인 음악적 프레이징과 스타일, 그리고 고악기 특유의 부드럽고 편안한 소리가 음악의 내용을 알지 못하더라도 매우 아름답게 와닿습니다. 특히 영상 후반부 5분 18초부터 올라가는 고음은 듣는 이의 모든 어려움을 녹이며 큰 위안을 줍니다.

무려 300년 전에 작곡되었지만 지금도 공감되는 내용을 주제로 다루고 있습니다. 아름다움과 쾌락, 시간 그리고 깨달음을 통해 주인공은 내적인 여정을 떠납니다. 노래를 부르며 신께 올바른 길로 안내해 달라는 주인공의 간절함이 많은 사람에게 공감이 되어 지금까지 연주되는 것이지요. 음악의 힘을 통해 모두의 마음이 편안해지길 바랍니다.

음악 추천 | 조민석
글 | 박지혁

작곡가 | Sergei Rachmaninoff
곡명 | Piano Concerto No.3, 1st mvt
연주자 | Tung-Chieh-Chuang, Lukas Genuisas, Danish Radio Symphony Orchestra

지휘자의 능력은 어디까지?

피아니스트 임윤찬이 반 클라이번 콩쿠르 결승에서 연주한 라흐마니노프Sergei Rachmaninoff 피아노 협주곡 3번을 자주 들어 보셨을 것입니다. 하지만 오늘 소개하는 영상은 피아노 콩쿠르가 아닌, 세계적으로 권위 있는 지휘 콩쿠르인 말코 국제 지휘 콩쿠르의 2015년 우승자 텅취 창의 영상입니다. 연주는 덴마크 방송 교향악단이 함께합니다. 특별한 점이라고 한다면 기악 콩쿠르와는 다르게 15분이란 시간 내에 오케스트라와 리허설을 하며 지휘자가 원하는 음악을 정확하게 이해시켜야 한다는 것이죠. 이 과정에서 영상의 묘미가 느껴지는데, 마치 마법을 부리듯 오케스트라가 지휘자의 해석을 표현하며 더 나은 음악을 만들어 내는 과정을 볼 수 있기 때문입니다.

우승자 텅취 창은 현명하게 리허설을 이끕니다. 그는 무대에 올라와서 "오늘 나는 덴마크어로 당신들을 또 괴롭히지 않을 겁니다!"라는 유머로 관객과 오케스트라를 단숨에 자신의 편으로 만듭니다. 그리고 초반 6분 이내에 자신이 해석하는 라흐마니노프를 표현하는데 필요한 곳만 명확하게 리허설을 진행합니다.

예를 들어 "이 음악은 교회 음악 같습니다. 마치 라흐마니노프가 교회에서 죄를 짓고 고해하듯이요. 아마 이렇게 아름다운 음악을 만든 죄겠죠? (웃음) 더 숭고한 소리를 만들면 좋겠습니다."라고 말하며 자신이 곡에서 보여 주길 원하는 강점에 집중하며 캐릭터와 소리 컬러 선정에 힘을 쏟습니다.

특히 5분 40초쯤 "작은 여자아이가 기분 좋은 스윙을 하듯이 음을 표현해 주세요."라는 요청을 하고 나서 바로 호른, 바이올린, 그리고 오보에와 클라리넷이 그 부분을 표현하며 관객과 심사 위원에게 강한 인상을 남깁니다.

분명한 차이가 느껴지지 않나요? 지휘자의 역할이 중요한 이유를 명확히 알 수 있습니다. 10분 남짓한 영상을 통해 그가 어떤 음색을 끌어내는지, 어떤 방법으로 단원들을 하나로 만드는지, 그리고 궁극적으로 어떻게 여러 소리를 살아 있는 예술 작품으로 만들어 관객에게 전하는지에 대한 과정을 볼 수 있습니다. 지휘자는 피아노와 오케스트라 사이의 부드러운 연결점이 되어 협주곡의 매력에 푹 빠져들게 만듭니다.

여러분도 지휘자의 역할을 다시 한번 생각하며 공연을 즐겨
보길 바랍니다.

음악 추천 | 안일구
글 | 김소라

작곡가 | Pyotr Ilyich Tchaikovsky
곡명 | Symphony No. 6
연주자 | Alan Gilbert, NDR Elbphilharmonie Orchester

생의 끝에 피어난 삶에 대한 의지

차이콥스키Pyotr Ilyich Tchaikovsky의 그 어느 곡보다도 생명력이 느껴지는 교향곡 6번입니다. 차이콥스키의 우울증으로 인한 자살설까지 비하인드 스토리로 깔려 있는 이 곡에서 갑자기 생명력이라니, 의아하게 생각하는 분들도 있을 것입니다.

역시나 곡의 시작은 다소 우울합니다. 현이고 관이고 할 것 없이 느리고 낮게 깔리는 음이 한데 모여 차이콥스키의 꺼져 가는 생명의 불꽃을 그리는 것 같습니다. 뒤이어 이어지는 여전히 다소 여리지만 분주한 선율은 죽음을 앞두고 초조하고 불안한 그의 마음을 그대로 녹여낸 듯합니다. 그 후 등장하는 서정적인 멜로디는 그가 자신의 지난 삶을 회고하는 듯이 느껴집니다.

약 19분 동안 이어지는 1악장에서 저 모든 이야기를 지나, 1악장의 중간 지점을 넘어갈 때면 반전이 시작됩니다. 다소 정적이던 현이 역동적으로 움직이기 시작하고 거기에 관까지 가세하며 들려주는 웅장한 선율은 언뜻 보기에 그가 느끼는 삶의 고통을 표현한 것 같기도 합니다. 그러나 앨런 길버트의 번뜩이는 지휘와 NDR 엘프필하모니의 힘 있는 연주는 죽음의 문턱에서 갑자기 무언가 피어나는 모습을 보이며, 이를 듣는 우리에게도 생에 대한 의지를 피어나게 합니다. 이후 1악장의 마무리쯤에 한 번 더 반복되는 '슬픔 속 피어나는 아름다움'을 그린 주제는 더욱 처연하고 처절하게 느껴지며, 생의 마지막을 앞둔 차이콥스키의 마음이 전해지는 듯해 절절하게 다가옵니다.

죽은 자는 말이 없기에, 이 곡을 작곡할 당시 차이콥스키의 마음을 전부 알 수는 없습니다. 그러나 만약 그가 이때부터 자신의 죽음을 염두에 두었더라면, 그는 생을 마감하고 싶은 가운데 또 얼마나 살고 싶었을까요? 사실 '죽고 싶다'라는 마음은 '이렇게 말고, 다르게 살고 싶다'라는 마음이라고 하는데요.

이어지는 2, 3, 4악장은 과연 그의 어떤 마음을 담아냈을지 상상하며 들어 보시기를, 그래서 너무나 혼란스럽고 외로웠을 대작곡가의 마지막 길을 함께 걸어주시면 좋겠습니다.

음악 추천 | 조민석
글 | 박지혁

작곡가 | Johann Sebastian Bach
곡명 | Violin Partita No.3 in E Major, BWV 1006
연주자 | Suyoen Kim

완성된 연주, 김수연의 바흐 파르티타

한국인 최초로 베를린 필하모닉의 객원 악장을 맡았던 자랑스러운 바이올리니스트 김수연. 그의 연주는 첫 시작부터 관심을 사로잡습니다.

바이올린 독주곡을 유심히 들어 본 적 있나요? 울림이 끊이지 않는 바이올린 소리와 날카롭고 정교한 기교, 오래된 역사가 보이는 홀, 그리고 차분하게 자신의 이야기를 들려주는 그녀의 표정은 음악에 더욱 몰입하게 만듭니다. 현악기가 아닌 성악 노래를 듣는 기분마저 들지요.

이 곡은 바흐가 바이올린을 위해 작곡한 6개의 무반주 소나타와 파르티타 중 마지막 여섯 번째 곡이고, 총 6악장으로 이뤄져 있습니다. 각각 다른 바로크의 춤곡으로 작곡되어 다양한 분위기, 리듬, 스타일을 감상할 수 있습니다.

바흐의 음악은 기교적으로도 깔끔하게 표현하기 어려운 곡
이지만, 음악적으로 투명한 거울처럼 연주자의 감정을 그대
로 비추기 때문에 많은 연습이 필요한데요. 18분 36초 동안
이어지는 연주에도 흠잡을 곳이 없습니다. 마치 프랑스의
정교한 크리스털 장식을 보듯, 음들이 맑고 반짝입니다. 특
히 16분음표가 대부분인 이 곡을 연주하면서도 좋은 소리를
놓치지 않는 부분이 놀랍고 대단합니다.

음악 추천 | 유정우
글 | 안일구

작곡가 | Ruggero Leoncavallo
곡명 | "Prologo" from Pagliacci
연주자 | Ambrogio Maestri, Daniel Harding, Teatro alla Scala

"신사 숙녀 여러분, 저는 프롤로그입니다."

한 번 듣고 나서 가장 좋아하는 오페라가 되어 버린 《팔리아치》에 나오는 아리아입니다. 19세기 말에서 20세기 초에 일어난 일종의 오페라 운동에 의해 탄생한 것으로 '베리스모(Verismo) 오페라'라는 것이 있습니다. '사실주의 오페라'라고도 하는데 주로 귀족이나 상류층의 삶을 소재로 한 기존의 오페라에 반발하여 젊은 작곡가들을 중심으로 노동자, 농민, 어민의 삶을 보여 주고자 했던 시도가 바탕이 되었습니다. 베리스모 오페라는 우리의 삶을 적나라하게 있는 그대로 보여 주고자 했고 이는 관객들에게 큰 충격으로 다가왔습니다. 《팔리아치》에서는 광대들의 삶과 사랑을 여과 없이 보여 줍니다.

음악적으로는 역시나 바그너의 음악에 상당한 영향을 받았는데 대본을 들여다보면 운문보다는 산문 형태가 많습니다. 어떻게 보면 주저리주저리 이야기하는 것을 음악과 함께 풀어내면서 자연스럽게 대화하는 느낌을 많이 주고, 딱딱 끊어진다기보다는 술술 이어지면서 연속적인 느낌을 줍니다. 베리스모 오페라의 특징과 의미를 가장 잘 보여 주는 아리아가 바로 〈프롤로그(Prologo)〉입니다. 팔리아치(Pagliacci)는 이탈리아어로 유랑 극단의 광대를 뜻합니다. 팔리아치 중 대표 광대인 토니오가 막이 오르기도 전에 관객들 앞에 섭니다. "신사 숙녀 여러분, 저는 프롤로그입니다." 단순한 바람잡이라고 볼 수도 있겠지만, 가사의 내용이 꽤 의미심장하고 음악이 상당히 아름답습니다. 바리톤 가수가 풀어내는 이탈리아어 발음과 아름다운 음성을 감상하기에도 참 좋은 곡입니다.

성악가 암브로조 마에스트리가 이 아리아를 부르고 있습니다. 거대한 체구 때문에 어떤 무대에 서도 존재감이 확실하고, 목소리도 참 아름답습니다. 무리하게 소리를 내지 않고 아주 자연스럽고 편안하게 노래하는데, 그러면서도 사람들의 마음을 움직이는 힘을 가지고 있는 가수입니다. 아주 많은 양의 가사를 음악과 함께 능수능란하게 풀어내는 마에스트리의 모습을 즐겁게 감상해 보세요.

음악 추천 | 데얀 가브리츠
글 | 박지혁

작곡가 | John Eccles
곡명 | The Mad Lover Suite, Ground (Aire V)
연주자 | Théotime Langlois de Swarte, Thomas Dunford

고귀한 멜랑콜리

4분이 채 되지 않는 짧은 시간 동안 이 곡은 저에게 단어로 표현하기 힘든 수많은 감정을 느끼게 했습니다. 우리에게 익숙한 바이올린과 함께 낯선 악기가 연주되고 있죠. 그 악기의 이름은 '류트'입니다. 기타와도 비슷해 보이는 류트는 역사가 깊은 악기인데, 중세 시대와 바로크 시대 때 주로 낮은 베이스 음의 반주를 위해 연주되었습니다. 영상에서 흘러나오는 음악은 18세기 초 영국 작곡가인 존 에클스John Eccles의 《The Mad Lover Suite》 중 5악장 《Ground(Aire)》입니다. 프랑스 바이올리니스트 테오팀 랑글루아 드 스와르트와 류트 연주가 토마스 던포드는 복잡 미묘한 17세기 영국의 멜랑콜리를 샤를 2세의 통치하에 살았을 법한 인물을 상정하여 연주했다고 합니다.

쓸쓸한 류트의 멜로디를 타고 바람처럼 바이올린이 노래를 시작합니다. 이 곡은 그라운드(베이스 라인이 계속 내려가며 반복되는 음악) 스타일로 작곡되어, 류트의 반복되는 저음 연주로 점점 음이 추가되며 변주됩니다. 저음을 놓치지 말고 들어 보길 바랍니다.

반복되는 저음 연주 때문인지 갈망과 상실의 우울함이 느껴지지만, 그 와중에도 희망적이고 밝은 선율이 잠깐잠깐 섞여 있어서 두 연주자의 의도를 엿볼 수 있습니다. 마치 흐리고 비 오는 날에 언뜻 비치는 햇빛과 같은 느낌이랄까요. 또한 열정을 통해 강렬한 사랑의 불타오름도 같이 연주해 냅니다. 300년이 넘은 곡에 담긴 복잡한 멜랑콜리를 훌륭하게 재해석한 두 연주자의 노력이 대단합니다.

음악 추천 | 데얀 가브리츠
글 | 김소라

작곡가 | Ludwig van Beethoven
곡명 | Piano Concerto No. 5 "Emperor"
연주자 | Kristian Bezuidenhout, Freiburger Barockorchester

베토벤이 상상한 '황제' 협주곡의 사운드

당장이라도 영상을 뚫고 나올 듯 힘찬 소리와 함께 시작되는 이 곡은 우리에게 '황제'라는 이름으로 유명한 베토벤Ludwig van Beethoven 피아노 협주곡 5번입니다. 베토벤의 다섯 번째 피아노 협주곡이자 마지막 피아노 협주곡인 이 곡에 달린 부제 때문일까요? 영상 속 오케스트라가 쉼 없이 만들어 내는 웅장한 선율은 황제를 호위하는 무사들의 힘찬 발걸음을, 그리고 그 사이를 때로는 힘 있게 때로는 유유자적 흐르는 건반은 멋진 왕관을 쓰고 망토를 나풀거리며 여유롭게 걷는 '황제'의 모습을 떠오르게 합니다.

베토벤은 1808년 12월경부터 이 곡의 밑그림을 그리기 시작했고 이듬해 4월에 이를 완성합니다. 같은 해 여름에는 총보까지 만들어 냅니다. 그리고 이 시기는 한창 '황제' 나폴레옹의 정복 전쟁(1803년~1815년)이 벌어지던 때이기도 합니다. 그렇다면 이 곡의 주인공인 황제는 바로 나폴레옹일까요? 사실 베토벤은 '민중의 해방자'를 자처했다가 '황제'가 된 나폴레옹을 위선자라고 비난하며 몹시 싫어했습니다. 후원이 끊겨 재정적으로 궁핍한 상황에서도 나폴레옹의 동생 제롬 보나파르트가 거액의 연봉을 약속하며 제안한 궁정 악장직을 망설일 정도였습니다.

다행스럽게도 당시 빈의 귀족들이 그를 후원하겠다 나섰고, 베토벤은 빈에 남을 수 있었습니다. 그러나 그 직후 나폴레옹 전쟁이 다시 발발해 후원자들이 사망하거나 파산하고 피난을 떠나는 등 베토벤은 다시 극심한 경제적 빈곤에 시달려야 했습니다. 청력에 문제가 있었던 베토벤은 전쟁으로 발생하는 포성과 드럼 소리에도 상당히 민감했기 때문에 배개 등으로 귀를 막고 지내야만 했습니다.

이렇게 견디기 힘든 상황에도 불구하고 베토벤은 이 곡 전체를 밝음과 희망으로 채워 넣었습니다. 힘차게 행진하는 1악장과 3악장은 말할 것도 없고 느리게 흐르는 2악장 역시 슬픔보다는 '나긋한 아름다움'이 느껴집니다. 영상 속 연주는 우리가 원래 알고 있던 곡보다 더욱 투명하고 활발하게 들리는 듯한데요. 그 이유는 바로 이 곡이 '오리지널 시대 악기'로 연주되었기 때문입니다. 크리스티안 베주이덴후트가 연주하는 건반은 피아노의 전신인 함머클라비어이고 오케스트라는 프라이부르크 바로크 오케스트라입니다. 작곡 당시 베토벤이 상상한 사운드는 이런 느낌이었을까요?

다시 앞선 이야기로 돌아가 그렇다면 이 곡에 '황제'라는 이름을 붙인 이유는 무엇일까요? 초연 당시 한 프랑스 장교가 '이 곡은 황제다'라고 외쳤다라는 설, 훗날 출판업자들이 이 곡의 남성적이고 영웅적인 분위기에 황제라는 별명을 사용하기 시작했다는 설이 있습니다.

어두운 시대적 배경과 개인적 고통 속에서도 희망찬 선율을 그려 내고 이 시대에까지 빛을 선사하는 베토벤을 황제로 떠올리며 이 곡을 들어 보면 어떨까요? 상황이 잘 풀리지 않고, 환경도 잘 따라 주지 않으면 내가 그 상황보다 더 커지고, 새로운 환경을 만들면 된다고 하는데요. 오늘은 그런 베토벤을 따라 황제처럼 넉넉히 이기는 하루가 되기를 바랍니다.

음악 추천 | 조민석
글 | 안일구

작곡가 | Gustav Mahler
곡명 | Symphony No.1
연주자 | Christoph Eschenbach, Orchestre de Paris

8시간처럼 느껴지는 8개의 음

'말러의 1번 교향곡 3악장' 하면 무엇이 떠오르나요? 아마 시작부터 나오는 숨 막히는 콘트라베이스 솔로가 떠오를 것입니다. 정말 아름다운 솔로지만 콘트라베이스 연주자들에겐 가장 긴장되고 무서운 순간이기도 합니다. "내가 시작하기 전 팀파니가 연주하는 8개의 음이 8시간처럼 느껴진다." 베를린 필하모닉 오케스트라의 수석인 제인 사크사라가 이렇게 말했을 정도입니다.

이 솔로에 한번 매료되면 수많은 오케스트라가 연주한 이 부분만 따로 찾아 듣게 되는데요. 파리 오케스트라가 보여주는 오늘의 영상이 'Best of Best'입니다. 팀파니 소리가 비교적 여유로운 박자 안에서 울려 퍼지고 지휘자 크리스토프 에셴바흐는 눈빛과 눈썹만으로 콘트라베이스에게 사인을 줍니다. 그렇게 시작된 베이스 솔로는 정확하고 풍부하면서도 편안하고 자유롭게 들립니다. 완벽에 가까운 시작을 보여 준 베이스에 화답하듯 이어지는 악기들의 음악과 음색 또한 압도적입니다.

말러의 1번 교향곡이 처음 관객들을 만났을 때 엄청난 비난과 야유가 쏟아졌는데 이 3악장이 역할을 톡톡히 했습니다. 처음 제시되는 선율은 영어권에서 "Are you sleeping (brother john)?"이라고 불리는 동요를 패러디하고 있습니다. 당시에는 클래식 장르 중에서도 가장 진지한 교향곡에서 세속적인 선율을 사용한 말러에게 수많은 비난이 쏟아졌지만, 지금은 이 악장만큼 말러를 잘 보여 주는 악장도 없다고 생각합니다. 또한 6분쯤 약음기를 낀 바이올린으로 들려주는 선율은 자신의 작품인 《방랑하는 젊은이의 노래》 중 네 번째 곡 〈그녀의 푸른 두 눈동자〉에서 따온 것인데 꿈결처럼 황홀한 부분이니 절대 놓치지 말길 바랍니다.

음악 추천 | 데얀 가브리츠
글 | 박지혁

작곡가 | Franz Schubert
곡명 | Piano Trio No.2 in E flat Major, Op. 100
연주자 | Trio Incendio

친구의 약혼식에서 처음 연주된 곡

스위스의 권위 있는 음악 페스티벌 '베르비에 페스티벌'에 초대되고, 여러 국제 콩쿠르에서 수상한 트리오 인센디오가 연주하는 슈베르트의 피아노 트리오 2번을 소개합니다.

이 팀이 좋은 성적을 내는 이유는 무엇일까요? 실내악은 구성 인원이 적을수록 곡이 지닌 특성이 더 잘 드러납니다. 다른 사람의 연주 뒤에 숨을 수 없고 각 연주자의 파트가 모두 중요하기 때문이죠.

트리오 인센디오는 서로의 솔로가 언제 시작하는지 정확하게 알고 있고, 유동적으로 소리의 균형을 조절하면서 곡이 요구하는 메시지를 명확하게 끄집어내어 관객들에게 들려줍니다. 그리고 함께 연주하는 부분은 누구 하나 도드라지지 않도록 해 듣는 사람은 편안하게 곡에만 집중할 수 있습니다.

피아노 트리오 2번은 슈베르트가 세상을 떠나기 1년 전에 작곡되었습니다. 그는 당시에 여전히 경제적인 어려움을 겪었지만, 주변 친구들 덕분에 작곡을 이어 갈 수 있었다고 합니다. 이 곡은 슈베르트의 친구 요제프 폰 슈파운의 약혼식에서 처음 연주되었고, 슈베르트가 세상을 떠나기 전 직접 들은 몇 안 되는 자신의 작품이었습니다.

슈베르트의 소중한 이야기를 트리오 인센디오가 정성을 담아 세상에 꺼내 놓았습니다. 오늘은 가슴을 울리는 서정적인 멜로디와 역동적인 에너지가 담긴 이 음악을 들어 보세요.

음악 추천 | 유정우
글 | 안일구

작곡가 | Pyotr Ilyich Tchaikovsky
곡명 | "Lenski's Aria" from Eugène Oneguine
연주자 | Emmanuel Pahud, Fuminori Tanada

엠마누엘 파위와 렌스키의 아리아

엠마누엘 파위가 왜 최고의 플루티스트인지 빠짐없이 설명해 주는 영상입니다. 플루트를 전공으로 선택한 저는 이 영상을 발견한 날 이후로 지금까지 이 연주를 수백 번은 들었습니다.

영상 속 파위는 일류 성악가 못지않은 퍼포먼스를 보여 주고 있습니다. 호흡과 플루트라는 작은 악기로 만들어 내는 프레이즈와 표현력이 대단합니다. 흔히 플루트는 음색과 음량이 다소 한정적인 악기로 인식될 수 있는데, 그의 음색은 다채롭고 울림 또한 풍성합니다.

차이콥스키와 푸시킨, 대가와 대가의 만남으로 탄생한 오페라 《예브게니 오네긴》 중에서 사람의 마음을 파고드는 가장 멋진 아리아가 바로 렌스키의 이 아리아 〈어디로, 어디로 가

버렸는가?)인데요. 올가에 대한 사랑, 죽음에 대한 두려움, 인생에 대한 허망함을 모두 느낄 수 있는 명곡입니다.

이 아리아에 대한 해석은 성악가 버전만 해도 수백 가지가 있습니다. 파위는 결투를 앞두고 인생 전체를 돌이켜 보는 렌스키의 감정에 초점을 맞추고 있습니다. 이렇게 감정이 선명하게 전달되는 연주는 특별합니다.

엠마누엘 파위는 아바도 시절 22세의 나이로 베를린 필하모닉 오케스트라에 입단해 지금까지 굳건히 자리를 지키고 있는 수석 플루티스트입니다. 그는 오케스트라 수석 역할에 그치지 않고 국제 무대에서 수많은 솔로 앨범을 발매하는데 대부분의 앨범이 큰 성공을 거둡니다. 기존의 전통 플루트 레퍼토리뿐 아니라 플루티스트들에게 새로운 레퍼토리 또한 많이 개척하는데요. 그중 하나가 바로 〈어디로, 어디로 가 버렸는가?〉입니다. 가이 브라운슈타인이 편곡한 버전을 파위가 녹음하고 다른 오페라 곡들과 함께 발매하면서 현재는 매우 널리 연주되고 있습니다.

이 영상에서 또 굉장히 재미있는 포인트가 있는데요. 4분 40초쯤, 음악이 절정을 향해 치닫고 있는 중에 카메라가 한 사람을 비춥니다. 바로 시대를 풍미한 플루트의 전설, 제임스 골웨이입니다. 2012년, 네 번째 플루트 컨벤션이 파리 국립 음악원에서 열려 많은 플루티스트가 이 장소에 모였던 것입니다.

엠마누엘 파위 정도의 실력과 커리어를 겸비한 플루티스트는 과거를 돌아봐도 프랑스의 장피에르 랑팔과 영국의 제임스 골웨이 정도밖에 없는데요. 다소 놀라는 표정으로 연주를 보는 제임스 골웨이와 엄청난 기량을 가진 비교적 젊은 음악가로서 연주를 하는 파위의 모습을 통해서 또 한 시대가 지나갔음을 느낄 수 있습니다.

저는 파위의 모든 음반을 듣고 영상을 봤다고 자부하는 편인데요. 이 영상은 시작하는 순간부터 끝나는 순간까지 버릴 곳이 1초도 없습니다. 울림이 비교적 적은 연주홀, 세계 곳곳에서 온 수많은 플루트 관련 관객, 평소 함께 연주하지 않았던 피아니스트, 부족했던 리허설 등 열악한 상황에서 보여 준 렌스키 아리아 연주는 엠마누엘 파위가 남긴 가장 놀랍고 뛰어난 연주임에 틀림이 없습니다.

음악 추천 | 데얀 가브리츠
글 | 박지혁

작곡가 | Robert Schumann
곡명 | "Der Dichter Spricht(The Poet Speaks)" from Kinderszenen, Op. 15
연주자 | Alfred Cortot

피아노로 낭독하는 시

이 마스터 클래스는 무려 1953년 파리에서 열린 피아니스트 알프레드 코르토의 레슨입니다. 마스터 클래스란 전문 연주자와 전공을 하는 학생들을 대상으로 하는 공개 강의를 뜻합니다. 그래서 한 학생이 레슨을 받고 있고, 다른 학생들은 악보를 펼쳐 들고 같이 공부하며 청강하는 모습이 보입니다. 영상에서 연주되는 곡은 슈만이 어린 시절에서 영감을 받아 작곡한 작품집 《어린이의 정경》 중 〈시인이 말한다〉입니다.

슈만은 간단하며 어렵지 않은 구성으로 13개의 소품곡을 작곡했습니다. 〈미지의 나라들〉, 〈술래잡기〉, 〈약이 올라서〉, 〈아이는 잠잔다〉 등 제목에서부터 어린아이가 신나게 모험담을 풀어내는 것 같은 곡들로 이루어져 있습니다. 우리가 잘 아는 〈트로이메라이〉도 《어린이의 정경》 중 하나인데요. 재밌게도 아내인 클라라 슈만이 로베르트 슈만을 보며 '가끔 그가 어린아이처럼 느껴질 때가 있다'라고 남긴 말에서 곡을 썼다고 합니다. 어린 장난꾸러기 같은 모습이 슈만에게도 있었나 봅니다.

열두 번째 곡 〈아이는 잠잔다〉를 끝내고 연주되는 〈시인이 말한다〉는 30마디도 되지 않는 한 페이지의 간결한 악보입니다만 소품곡의 전체적인 흐름 때문일까요? 〈시인이 말한다〉는 이런 장면을 상상하게 만듭니다. '한 시인이 아이가 신나게 털어놓는 이야기를 들어주고, 아이를 재운다. 그리고 그는 마지막으로 모든 이야기를 마무리한다.'

코르토의 마스터 클래스는 불어와 함께 시작됩니다. 그는 말합니다.

"마치 친밀한 꿈같이, 아름다운 음표만 연주하는 게 아니라 곡을 꿈꿔야 해요."

그리고 반짝이는 눈으로 연주하며 말을 이어 갑니다.

"이 두 프레이즈는 다른 느낌이고 다른 요소입니다."
"여기는 질문처럼 이어지고, 그리고 여기는 부드럽게 다시 질문합니다."

"여기부터는 음악을 음표로만 전달하는 게 아니라 영원한 영혼에서 우러나오는 영감으로 연주해야 합니다."

"그리고 점점 희미해지고, 결국 당신을 쫓아오는 꿈의 존재만 남게 됩니다."

그는 20세기 프랑스 최고의 피아니스트답게 왠지 모를 슬픔을 담은 눈으로 희미한 웃음을 띤 채 음과 음 사이의 거리를 천천히 산책하듯 연주합니다. 그리고 그는 연주하며 꿈을 꿉니다.

음악 추천 | 데얀 가브리츠
글 | 박지혁

작곡가 | Antonín Dvořák
곡명 | humoresque Op. 101, No.7 (arr. Fritz Kreisler)
연주자 | Augustin Hadelich, Charles Owen

알고 있었지만 더 알고 싶은 곡

고급 레스토랑에서 스테이크와 함께 들려오던 노래, 수많은 드라마와 광고에서 배경 음악으로 사용되어 친숙한 드보르자크의 〈유머레스크〉를 소개해 드립니다. 전체를 듣는다면 "익숙한 앞부분에 비해 곡의 중간 부분이 이렇게 다르구나!"라고 새롭게 느껴질 것 같습니다.

〈유머레스크〉는 7번이 가장 유명하고 자주 연주되는 곡으로 알려져 있는데요. 이 곡은 원래 피아노를 위한 곡으로 작곡되었지만, 다양한 악기 편성으로 지금까지도 활발히 연주되고 있습니다.

드보르자크는 미국에서 지내던 1892년부터 1895년 사이에 이 곡에 대해 구상하며 "곧 8개의 짧고 쉬운 피아노 곡이 나올 것이다."라고 말했습니다. 그는 자신의 고향 보헤미아의 비소카에서 여름휴가를 보내며 본격적으로 〈유머레스크〉 작곡을 시작합니다. 그리고 1895년 초, 첫 번째 에디션을 베를린에서 출판합니다.

이 곡은 바이올린, 첼로 등 현악기와도 잘 어울립니다. 영상 속 아우구스틴 하델리히는 《뉴욕타임스》로부터 '극적인 감각과 깊고 아름다운 톤을 가진 바이올리니스트'라고 평가받은 연주자입니다. 그는 놀라울 정도로 정성스럽고 부드럽게 이 곡을 시작합니다. 중간 부분에 어두운 단조의 화성을 풍부한 활을 사용하여 극적으로 표현하고 난 뒤, 긴장을 놓지 않으며 자연스럽게 다시 처음의 멜로디로 이어지는 부분이 정말 아름답습니다.

하델리히의 얼굴을 보고 놀라는 분들도 계시는데요. 그는 어릴 때부터 신동 바이올리니스트로 촉망을 받았지만 15살 무렵 가족 농장에서 불의의 화재 사고를 당하게 됩니다. 하지만 그는 자신의 역경을 이겨 내고 결국 이렇게 멋있는 연주자로 전화위복해 우리에게 좋은 음악을 연주해 주고 있습니다.

음악 추천 | 조민석
글 | 김소라

작곡가 | Sergei Prokofiev
곡명 | Romeo & Juliet Suite
연주자 | Orchestre Philharmonique de Radio France, Myung-Whun Chung

오케스트라가 들려주는《로미오와 줄리엣》

'자유, 평등, 박애' 이 세 단어를 들으면 어느 나라가 떠오르나요? 아마 많은 사람들이 '프랑스'라고 말씀하실 것입니다. 저 문구는 전 국민이 개인으로서 스스로를 확립하고 평등한 권리를 보유하기 위해 일어섰던 프랑스 혁명의 슬로건이기도 한데요.

그래선지 이 영상을 추천한 조민석 첼리스트도 한동안은 '프랑스=자유로움'이라 여겼고, 프랑스 오케스트라는 합이 완벽하게 맞지는 않을 것 같다고 생각했다고 합니다. 하지만 이 영상 속에서 지휘자 정명훈의 리드 아래 단원 하나하나가 완벽히 집중해서 정확히 맞춰 내는 음정, 톱니바퀴처럼 맞물리는 정교한 연주에 어느덧 매료되었고, 그 뒤로 프랑스 오케스트라에 흠뻑 빠졌다고 하네요.

영상 속에는 오랫동안 상임 지휘자로 손발을 맞춰 온 정명훈과 라디오 프랑스 필하모닉이 함께 연주하는 프로코피예프Sergei Prokofiev의 《로미오와 줄리엣 모음곡》이 흐릅니다. 한편 이 곡을 작곡할 당시의 프로코피예프도 프랑스와 인연이 있습니다. 1930년대 초반 프로코피예프는 망명자로 파리에 거주하고 있었는데, 서방에서 생각만큼 잘 풀리지 않는 커리어와 향수병으로 고국으로 돌아갈 것을 진지하게 고려했다고 합니다.

하지만 당시 소련은 공산주의 이상을 확연히 드러내지 않는 예술가를 국가의 적으로 간주했고, '모든 예술인은 노동자가 즉시 이해할 수 있게 작품을 만들라'는 칙령까지 발표합니다. 이러한 시대적 배경 속에서 프로코피예프에게 『로미오와 줄리엣』은 극적인 효과도 있으며 이데올로기적으로도 나무랄 데 없는, 딱 알맞은 소재였던 것입니다.

우리에게 매우 익숙한 〈기사들의 춤〉으로 시작하는 이 작품은 사랑 이야기이면서도 두 가문 사이의 서슬 퍼런 긴장감이 기본적으로 깔려 있기 때문에 느껴지는 분위기가 참으로 독특합니다. 조민석 첼리스트에 따르면 티볼트의 죽음까지 쉼 없이 달려가는 이야기를 오케스트라로 그대로 느낄 수 있는 것이 바로 이 곡의 매력이라고 하네요.

혹시 프랑스의 가장 큰 매력을 '자유분방함'이라고 생각한 분들이 또 있을까요? 그렇다면 오늘은 우리에게 익숙한 이야기인 셰익스피어의 『로미오와 줄리엣』을 음악으로 들으며, 자유로운 프랑스 오케스트라가 만들어 내는 정확하고 정교한 연주에 흠뻑 젖어 들길 바랍니다.

음악 추천 | 조민석
글 | 박지혁

작곡가 | Dmitri Shostakovich
곡명 | Symphony No.10, 2nd mvt
연주자 | Andris Nelsons, Royal Concertgebouw Orchestra

스탈린의 초상화

현악기의 완벽한 첫 소리, 정면을 응시하며 자신 있게 연주하는 드럼, 그리고 활이 보이지 않을 정도의 더블베이스 속주.

입이 떡 벌어질 만큼 강렬한 이 연주는 유럽 3대 오케스트라로 불리는 로열 콘세르트헤바우의 쇼스타코비치Dmitri Shostakovich 교향곡 10번의 2악장입니다. 지금보다 핸섬한 모습의 지휘자 넬손스가 오케스트라를 이끌고 있습니다. 조민석 큐레이터의 말처럼 어디서도 보지 못한 완벽한 절제, 그리고 로열의 품위가 돋보이는 연주가 이 곡을 더 생기 있게 만듭니다.

쇼스타코비치는 러시아에서 태어나 인생의 대부분을 제1차 세계 대전과 제2차 세계 대전을 치르는 데 보냅니다. 그의 음악 인생 역시 정치와 깊게 연관될 수밖에 없었죠. 특히 소련의 실질적 권력자인 스탈린의 영향을 많이 받았습니다. 한마디로 스탈린의 눈치를 보며 작곡해야 했으며 그의 반응에 쇼스타코비치의 음악 인생이 걸려 있었습니다.

그는 9번 교향곡을 발표하고 "독일의 나치를 무찌른 러시아의 영광이 충분히 보이지 않는다."라는 평을 받으면서 명성이 떨어지자, 결국 스탈린의 죽음 전까지 조국을 위한 영광을 곡에 담아내기 위해 노력했습니다.

오늘 소개해 드리는 10번 교향곡은 스탈린의 죽음 이후에 작곡되었다고 알려져 있는데요. 스탈린과 스탈린이 통치하는 소련의 모습을 담았다고 합니다. 특히 2악장은 '스탈린의 초상'을 음악으로 그렸습니다. 빠른 속주와 급변하는 화성과 리듬은 모든 것을 통제하고 탄압하던 독재자의 어두운 모습을 그대로 드러냅니다.

음악 추천 | 데얀 가브리츠
글 | 안일구

작곡가 | Gerónimo Giménez
곡명 | Intermedio. La boda de Luís Alonso
연주자 | Lucero Tena, Enrique García Asensio

캐스터네츠의 대가가 보여 주는 마법

스페인 곡에서 강렬한 리듬을 살려 주는 악기, 캐스터네츠가 중요한 것은 맞습니다. 그러나 보통 다른 연주에서는 오케스트라의 맨 뒤에서 음악의 흥을 돋우는 역할을 하는 것이 대부분인데요. 이분을 캐스터네츠 연주자로 쓴다면 이야기가 다릅니다. 드레스를 입고 협연자처럼 등장한 이 대가는 바로 캐스터네츠 예술가인 루세로 테나입니다.

영상에 보이는 것과 달리 다른 오케스트라에서는 캐스터네츠를 어딘가에 고정해 연주하거나 나무판에 스프링이 달린 머신 캐스터네츠(패들 캐스터네츠)를 사용합니다. 빠른 리듬을 더 효과적이고 정확하게 연주하기 위해서죠. 그러나 루세로 테나는 오직 두 손과 팔만을 이용하는 핸드 캐스터네츠로 연주하고 있습니다.

사르수엘라(zarzuela)라는 장르가 있습니다. 19세기 후반 스페인에서 탄생한 음악극인데요. 말로 하는 대사가 많고 중간에 친숙한 음악이 효과적으로 등장해 즐거움을 주는 장르입니다. 상류층은 여전히 전통적인 오페라를 즐겼지만, 일반 대중들은 친근한 사르수엘라를 즐겼습니다.

스페인 출신의 작곡가이자 지휘자인 히메네스Gerónimo Giménez는 이 장르에서 《루이 알론소의 결혼》이라는 히트작을 남겼습니다. 지금도 자주 연주되는 〈간주곡〉은 화려한 오케스트라와 스페인 전통의 춤곡 리듬이 만나 대중적이면서도 진한 사운드를 경험할 수 있는 곡입니다.

나무 두 개가 부딪혀서 둔탁한 소리를 내는 악기인 캐스터네츠 자체로는 음의 높낮이를 조절할 수도, 화성을 만들 수도 없습니다. 그러나 루세로 테나가 들고 있는 저 나무 조각은 셀 수 없이 많은 이야기와 감정을 담고 있습니다. 한 분야를 오래 탐구한 대가에게서만 느낄 수 있는 마법입니다.

음악 추천 | 유정우
글 | 박지혁

작곡가 | Igor Stravinsky
곡명 | The Rite of Spring (Le Sacre du Printemps)
연주자 | François-Xavier Roth, Orchestre Les Siècles

〈봄의 제전〉이 파리에 던진 충격

레 시에클 오케스트라의 창립자 프랑수아 자비에 로스가 지휘하는 〈봄의 제전〉은 충격 그 자체였습니다. 레 시에클은 2013년, 이 작품의 초연 100주년을 맞아 음반을 내놓았는데 유럽 전역에서 엄청난 센세이션을 일으켰습니다. 로스의 해석도 뛰어났지만, 철저한 고증과 복원을 통해 시대 악기를 사용했고 작품이 초연되었을 당시의 음향을 재현했습니다.

스트라빈스키Igor Stravinsky의 발레 음악 〈봄의 제전〉은 1913년 당시 지어진 지 두 달밖에 되지 않았던 샹젤리제 극장에서 처음 연주되었습니다. 그는 이미 발레 음악 〈불새〉와 〈페트루슈카〉를 통해 현대적이면서도 음악을 중시하는 전통을 파리 관객에게 보여 줬기 때문에 그의 신작 〈봄의 제전〉은 초연 전 많은 관심을 받았습니다.

그렇게 공개된 음악은 기존에 없던 파격 그 자체였습니다. 한 소녀를 죽을 때까지 춤추게 하여 신에게 제물로 바치는 이야기도 섬뜩했지만, 리듬만 보아도 당시 관객에게 익숙했던 2박, 4박 대신 5박, 7박, 11박 등을 사용했습니다. 지휘자와 오케스트라는 복잡한 리듬 때문에 발레 없이도 17번이나 리허설을 하며 연주하는 데 애를 먹었습니다.

복잡하고 당혹스러운 그의 음악은 신문을 통해서도 예고되었는데요. 리허설을 통해 음악을 미리 접한 전문가들은 〈봄의 제전〉에 대해 '반야만적인 인류의 말더듬증', '음악가의 마음에서 나온 가장 놀라운 폴리리듬(두 개 이상의 대조되는 리듬을 하나로 합친 것)에 의해 끊임없이 뒤틀리는 광적인 인간 집단'이라고 표현했습니다.

이런 뉴스를 접한 파리의 관객들은 휘파람을 미리 준비할 정도로 곡의 성공에 기대를 걸며 초연을 기다렸습니다. 저음역을 내는 바순의 솔로는 가장 높은 음역으로 시작되었고, 각 악기를 사용한 방식은 파격적이었습니다. 또한 음악이 진행될수록 사람들에게 혼란을 주는 복잡한 구조가 되었습니다. 시작된 지 몇 분 만에 야유가 나왔고 머지않아 폭동에 가까운 항의와 말싸움이 시작되며 샹젤리제 극장을 뒤덮었습니다.

스트라빈스키 지지파와 반대파 사이의 말싸움, 옆 사람을 때리고 싸우는 신사들 그리고 이 모든 것을 통제하려 했던 발레단의 단장 디아길레프는 극장의 불을 켰다 껐다 했지만, 실패로 돌아갔습니다. 그런 와중에 안무가 니진스키는 무대 위 의자에 올라서서 발레단이 박자를 놓치지 않도록 직접 소리를 지르며 큐를 주었습니다. 고함으로 가득 찬 극장의 무대 위에서는 혁신적인 춤과 음악이 계속되었습니다. 〈봄의 제전〉은 오히려 이런 소동으로 인해 초연 이후에도 매번 화제 속에서 공연이 이루어졌습니다. 그렇게 〈봄의 제전〉은 100년이라는 시간 동안 조금씩 사람들에게 다가갔고, 지금은 빼놓을 수 없는 인기작이 되었습니다. 스트라빈스키의 시대를 앞서간 천재성과 무궁무진한 상상력을 느낄 수 있는 명곡이며, 지금 들어도 화려한 음향과 변화무쌍한 리듬은 충격으로 다가옵니다.

3분 35초에 시작되는 '봄의 예언자-십 대 소녀들의 춤'이 가장 유명합니다. 이 부분은 니진스키의 안무가 본격적으로 시작되는 부분으로, 110년 전 파리의 관객들이 경험한 충격의 시작이었을 것입니다.

음악 추천 | 유정우
글 | 안일구

작곡가 | Camille Saint-Saëns
곡명 | "Bacchanale" from Samson et Dalila
연주자 | François Xavier Roth, Chœur des Grandes Ecoles, Les Siècles

밝아 오는 새벽, 광란의 축제

프랑수아 자비에 로스와 레 시에클의 유니크한 공연을 하나만 보기엔 아깝습니다. 카미유 생상스Camille Saint-Saëns가 작곡한 오페라 《삼손과 데릴라》의 하이라이트와 같은 관현악곡을 소개합니다.

눈앞에 그대로 풍경이 그려지는 합창곡 〈이미 언덕을 넘어온 은은한 여명은〉이 끝나고 나면 3분쯤부터 삼손의 처형을 위한 광란의 춤, 바카날(Bacchanale)이 이어집니다. 바카날이란 술의 신을 뜻하는 바쿠스를 기리는 축제를 말합니다.

이국적인 색채가 돋보이는 곡이며, 생상스의 효과적이고 매력적인 관현악 사운드를 경험할 수 있습니다. 게다가 시대 악기를 적극 사용해서 19세기 말의 사운드를 최대한 살리고 연주의 완성도를 최고로 끌어올린 레 시에클의 연주가 일품입니다.

오페라 《삼손과 데릴라》는 인기 오페라가 되기까지 많은 우여곡절을 겪었습니다. 삼손과 데릴라라는 인물은 성경에 등장하는 인물이기 때문에 생상스는 원래 멘델스존Felix Mendels-sohn의 〈엘리야〉와 같은 오라토리오로 작곡하려 했다고 합니다. 그러나 친척이자 이 작품의 대본가였던 르메르의 설득으로 이를 오페라로 바꾸게 됩니다. 이렇게 성경의 소재로 세속적인 장르인 오페라를 만들다 보니 완성 단계에서 《삼손과 데릴라》가 처음으로 소수의 사람들에게 공개되었을 때, 다소 냉담한 반응을 얻었다고 합니다. 그로 인해 생상스는 이 작품을 끝내는 것을 주춤하게 됩니다.

그러나 천재는 천재를 알아보듯이 독일의 프란츠 리스트Franz Liszt가 이 작품을 높게 평가했습니다. 리스트는 중간중간 생상스가 끝까지 작곡할 수 있도록 독려했고, 작품이 완성된 후에는 직접 지휘를 맡아 독일의 바이마르에서 초연을 하기도 했습니다. 초연 이후 한동안 공연이 되지 않기도 했지만 이 오페라는 점차 사람들에게 많은 사랑을 받기 시작했습니다. 13곡이나 되는 오페라를 작곡한 생상스, 지금은 오직 《삼손과 데릴라》만이 널리 연주되고 있습니다.

흥겨운 리듬, 강렬한 사운드, 우아한 선율은 물론 진짜 축제의 현장에 와 있는 듯한 마지막 피날레까지, 오늘은 바카날과 함께 생상스의 음악에 흠뻑 빠져 보세요.

음악 추천 | 유정우
글 | 박지혁

작곡가 | Antonio Vivaldi
곡명 | Mandolin Concerto in C Major
연주자 | Avi Avital, Venice Baroque Orchestra

이렇게 간드러진 만돌린 연주가 있다니!

우리에게 친숙한 비발디의 〈사계〉와 비슷한 시기에 작곡된 만돌린 협주곡은 온몸을 들썩이게 흥을 돋우며 시작됩니다. 1725년에 작곡되어 그때나 지금이나 사람의 기분을 좋게 하는 음악은 여전하네요.

만돌린은 서양배를 반으로 자른 모양으로 400년 이상 연주되었으며 기타처럼 강렬하고 두꺼운 소리를 만들어 내진 못하지만, 특유의 섬세한 소리가 더욱 귀를 기울이게 합니다. 이스라엘 출신 만돌린 연주가 아비 아비탈은 만돌린 솔리스트 최초로 그래미상 후보에 올랐습니다. 그의 재능 덕분에 만돌린 연주의 역사가 지금 우리에게도 이어진 것 같네요. 이 곡은 보통의 협주곡과는 다르게 총 8분이라는 짧은 길이로, 편안하게 바로크 춤곡을 즐길 수 있습니다. 연주 사이사이에 나오는 연주자의 표정을 보면 곡의 행복한 분위기가 바로 느껴집니다.

가장 마음에 드는 구간은 2분 15초부터 2분 32초 사이입니다. 마치 끝없는 실 같은 선율이 다양한 코드를 쌓아 가며 발전하다 마침내 연주자가 힘든 임무를 완수하고 다시 안도감을 찾은 듯한 표정을 지으며 마무리되는데, 이 과정에 함께 몰입하며 전율과 쾌감을 느낄 수 있기 때문에 이 구간을 여러분과 나누고 싶습니다.

뮤직비디오 구성 또한 참 재미있습니다. 라이브 연주 실황을 담았지만 초반에는 연주자가 배를 타고 베네치아에 도착하는 장면을, 그리고 연주를 마치고 홀가분하게 다시 배를 타고 베네치아를 떠나는 장면을 연출했습니다. 이는 듣는 사람에게 이 음악 자체가 즐거운 여행처럼 느껴지도록 합니다.

음악 추천 | 유정우
글 | 안일구

작곡가 | Johann Sebastian Bach
곡명 | Cantata BWV 179 "Siehe zu, daß deine Gottesfurcht nicht Heuchelei sei"
연주자 | John Eliot Gardiner, Magdalena Kožená, Mark Padmore, Stephan Loges, Monteverdi Choir, English Baroque Soloists

300년 전 8월 8일, 바흐의 칸타타

이 곡은 300년 전 8월 8일 처음 연주되었습니다. 바흐는 절대 예상치 못했을 것입니다. 1723년에 연주되었던 이 칸타타가 2024년에도 사람들에게 감동을 주고 있다는 것을요. 그저 한 번의 예배를 위해 작곡된 곡이 긴 역사를 품고 오늘날까지 이토록 완벽하고 아름답게 연주되다니요.

1723년 바흐는 라이프치히에 있는 토마스 교회의 음악 감독, 칸토어로 임명되었습니다. 작곡, 오르간 연주, 교육에 걸쳐 엄청난 업무량을 소화해야 하는 자리였습니다. 이후 1750년 세상을 떠날 때까지 바흐는 라이프치히에 머물며 수많은 교회 음악을 탄생시켰습니다. 때문에 '음악의 아버지'이기 전에 '교회 음악의 아버지'라고 불리기도 하죠.

특히 라이프치히로 이주한 직후 바흐는 거의 매주 예배를 위해 칸타타를 작곡했는데 삼위일체주일 이후 열한 번째 주일인 8월 8일 작품 번호 179번에 해당하는 이 곡과 작품 번호 199번 칸타타를 함께 연주했습니다. 179번은 당시 칸타타의 모습을 고스란히 느낄 수 있는 6악장 구조의 작품 중 하나로, 첫 악장과 마지막 악장이 합창곡이고 그 사이에 독주자와 오블리가토 악기들의 매력이 돋보이는 아리아가 배치되어 있습니다.

성경 속 '보라, 너의 믿음이 위선이 아닌지'를 인용하며 시작하는 칸타타는 기독교와 그리스도인이 진실하게 뉘우치며 하나님께 돌아가야 한다는 것, 그리고 그때 하나님의 용서를 받을 수 있다는 것을 노래하고 있습니다.

가사의 내용을 모르더라도, 기독교인이 아니라고 해도, 이 음악은 처음부터 끝까지 바흐 특유의 음악성으로 가득합니다. 대위법 대가로서의 면모는 물론이고 단순한 악기 구성 안에서도 끝이 없는 표현력을 보여 주는 이 음악은 듣는 사람의 마음 깊은 곳까지 와닿습니다. 존 엘리엇 가디너의 지휘와 '잉글리시 바로크 솔리스트'의 연주는 뛰어난 표현력의 성악가들과 어우러지며 300년 전의 소리를 재현하고 있습니다. 작품 전체가 아름답지만 처음 나오는 합창 푸가와 9분 5초에 나오는 막달레나 코제나의 소프라노 아리아는 진한 감동이 있습니다. 꼭 들어 보세요.

음악 추천 | 유정우
글 | 박지혁

작곡가 | Johann Sebastian Bach
곡명 | Orchestral Suite No. 3 in D Major, BWV 1068: No. 2, Air
연주자 | Albrecht Mayer, Berliner Barock Solisten

잉글리시 호른 버전의 〈G선상의 아리아〉

오늘 소개할 곡은 바흐의 관현악 모음곡 3번 중 2악장인 〈Air〉입니다. 이 곡은 독일 바이올리니스트 아우구스트 빌헬미가 솔로 바이올린과 현악기를 위해 편곡하면서 붙인 〈G선상의 아리아〉란 이름으로 사람들에게 더 알려지게 되었죠.

그런데 오보에가 조금 독특하고 길쭉하게 생기지 않았나요? 그 이유는 연주된 악기가 오보에가 아니라 잉글리시 호른이기 때문입니다. 잉글리시 호른은 오보에과의 악기로 조금 더 묵직하고 따듯한 소리를 만들어 냅니다. 드보르자크의 신세계 교향곡 2악장에서 서정적인 솔로 연주를 맡을 만큼 오케스트라 내에서 비중이 큰 솔로 역할을 담당하기도 합니다.

베를린 필하모닉의 수석 오보이스트 알브레히트 마이어는 8살 때 독일 밤베르크 성당에서 처음 바흐의 음악을 접했다고 합니다. 그리고 그는 바흐를 배워 갈수록 연주하는 데 특별한 지식이 따로 필요하지 않다고 말합니다. 오히려 "바흐의 음악에 깊이 빠져들다 보면, 가끔 어떤 해석을 해야 할지 모를 때에도 그의 음악은 여전히 가슴에 호소한다"라고 이야기합니다.

이 특별한 악기는 2016년에 목관 악기 브랜드 게브뤼더 모닝(Gebrüder Mönnig)과 알브레히트 마이어가 함께 디자인했습니다. 가벼운 재질의 목재를 사용하고 보칼(Bokal)을 구부려 연주가 용이하죠. 마이어의 연주 특성을 더욱 살리는 악기 덕분에 특별해진 바흐의 《G선상의 아리아》가 우리의 가슴 깊이 스며듭니다.

음악 추천 | 안일구
글 | 안일구

작곡가 | Johann Sebastian Bach
곡명 | Goldberg Variations' BWV 988
연주자 | Jean Rondeau

골드베르크 변주곡의 역사는 현재진행형

"이 영상을 집에서 무료로 볼 수 있다는 것을 믿을 수 없다." 영상에 달린 댓글에 저도 동감을 많이 했습니다. 골드베르크 변주곡은 바흐가 작곡했을 당시는 물론이고 1900년대에 들어서까지도 좋은 연주를 듣기가 상당히 힘들었습니다. 곡이 짧게는 50분에서 길게는 90분까지도 이어질 수 있고, 연주하기가 상당히 까다롭기 때문입니다. 1900년대 초반에 하프시코드의 기능이 향상되면서 전설적인 하프시코드 연주자들이 이 곡을 다루기 시작했고, 피아노에서는 글렌 굴드와 같은 피아니스트가 이 작품을 다루면서 사람들에게 서서히 알려졌으니 연주와 녹음의 역사는 그리 길지 않습니다.

골드베르크에 대해서는 할 이야기가 너무나 많습니다. 불면

증을 앓던 카이저링크 백작의 의뢰로 바흐가 이 곡을 작곡
했고 당시 백작의 전속 하프시코드 연주자였던 골드베르크
가 이를 연주했다고 하죠. 바흐의 제자이기도 했던 골드베
르크의 이름을 따와 현재는 골드베르크 변주곡이라 불리지
만 원래는 1742년 《클라비어 연습곡》의 4권 중 한 곡으로 출
판되었습니다. 그런데 위의 이야기가 사실이 아닐 수 있다
는 의견도 많습니다. 그래도 이미 우리의 머릿속에 각인되
어 버린 '골드베르크'라는 이름만큼은 이 작품의 역사를 위
해서라도 지켜 주는 것이 좋다고 생각합니다.

이 곡은 아리아(주제)와 30개의 변주곡 그리고 다시 아리아
로 끝나는 작품입니다. 16번 변주곡은 프랑스풍 서곡으로
중심을 잡고 있어서 전반부와 후반부를 나누는 역할을 합니
다. 흔히 '해석'이라는 것을 논할 때 그 스펙트럼이 이 작품
보다 넓은 경우는 거의 유래가 없습니다. 일단 연주 시간만
봐도 연주자에 따라 거의 두 배 가까이 차이가 날 수 있거
든요. 게다가 수학적이고 논리적으로 얽혀 있는 변주곡들을
어떻게 엮어 낼지에 대해 연주자 간의 의견 차이가 상당히
큽니다.

이 영상에서는 1930년대부터 본격화된 하프시코드 연주자
들의 골드베르크 변주곡 연주가 어느 정도까지 와 있는지를
잘 느낄 수 있습니다. 하프시코드 신동으로 유명했던 1991년
생의 장 롱도는 어느덧 워너 음반사의 아티스트로서 꾸준히

앨범을 내고 있는 가장 핫한 하프시코드 연주자입니다. 아리아부터 서른 번째 변주곡까지 집중도와 짜임새가 엄청납니다. 조회 수 300만 회가 말해 주듯 길고 복잡한 작품을 끝까지 듣게 만드는 연주자의 힘도 대단한 영상입니다.

음악 추천 | 유정우
글 | 박지혁

작곡가 | S. Rachmaninoff
곡명 | Vocalise, Op. 34, No.14
연주자 | Aida Garifullina, Radio-Symphonie Orchester Wien

악기처럼 연주하는 목소리

도시 생활에 지쳐 러시아의 시골 이바노프카에 있는 자신의 집에 머물게 된 라흐마니노프. 그는 이바노프카의 넓게 펼쳐진 지평선과 평화를 사랑했습니다.

〈보칼리제〉는 가사가 없는 대신 언어의 한계를 뛰어넘어 풍부한 감정을 담을 수 있는데, 그 덕분에 라흐마니노프가 이바노프카에서 느꼈던 감정이 고스란히 담겨 있습니다. 원래는 피아노와 성악을 위한 곡이었지만, 작곡된 지 3년이 되던 해 지금 우리가 아는 오케스트라 편곡으로 바뀌게 되었죠.

광활한 자연의 공간과 인간 내면의 감정들이 소프라노 아이다 가리풀리나의 청아한 목소리를 통해 흘러나옵니다. 소프라노 아이다 가리풀리나는 러시아의 대표 성악가로 2013년 플라시도 도밍고 오페랄리아 콩쿠르에서 우승하며 두각을 나타냈습니다. 그녀는 아름다운 외모 덕분에 메릴 스트립이 주연을 맡은 영화 〈플로렌스〉에도 출연했고 이 시대와 잘 어울리는 프리마돈나가 되었습니다.

〈보칼리제〉는 듣는 이의 마음 상태에 따라 다르게 느껴질 수밖에 없는 곡이지만, 저는 이 곡을 감상하며 '화성 변화를 통해 비극의 주인공이 자신의 이야기를 세상 사람들에게 노래한다'라는 인상을 받았습니다. 그만큼 복잡한 인간의 감정은 언어에 온전히 담길 수 없는 것 같습니다. 라흐마니노프의 내면세계를 직접적으로 느껴 볼 수 있는 이 곡을 감상해 보세요.

음악 추천 | 조민석
글 | 박지혁

작곡가 | John Adams
곡명 | The Chairman Dances
연주자 | Alan Gilbert, NDR Elbphilharmonie Orchester

샤넬 쇼에서도 연주된 현대 음악

2016년 SS시즌 샤넬 패션쇼의 시작을 알리는 음악으로 당차게 울려 퍼진 존 애덤스John Adams의 〈The Chairman Dances〉는 새로운 패션을 선보이는 자리에서도 신선하고 조화롭게 어울리며 새 시대를 여는 느낌을 주었습니다. 그의 음악은 현시점 유럽에서 많은 사랑을 받으며 연주되고 있습니다.

〈The Chairman Dances〉는 직역하자면 '의장 혹은 회장이 춤춘다'라는 뜻입니다. 존 애덤스는 마오쩌둥의 젊은 시절을 상상하며 그가 3명의 여인과 폭스트롯(1910년대 초 미국에서 시작된 사교 춤곡)을 추는 이미지를 이 곡에 담았다고 합니다.

애덤스는 반복적이면서 미니멀한 요소를 즐겨 사용합니다. 이 곡 역시 시작하자마자 흘러나오는 신나는 리듬으로 마오쩌둥의 춤추는 모습이 연상됩니다. 단순하고 반복된 음악이 지루하지 않은 이유는 다양한 악기 사용과 리듬의 변화로 발전되어 가기 때문입니다. 이 음악은 어디로 갈까? 어디가 클라이맥스일까? 귀가 호기심을 가지고 끝까지 따라가게 되지요.

듣기에는 단순하지만 연주자 입장에서 보았을 때 같은 음표가 적힌 마디가 반복되기 때문에 연주 처음부터 끝까지 마디를 잘 세어 가며 집중력을 놓지 않고 연주해야만 합니다. 재미있는 부분은 존 애덤스의 첫 오페라 《Nixon in China》의 3막 시작에 나오는 음악이 〈The Chairman Dances〉의 모티브를 많이 공유하고 있어서 '어? 되게 비슷하면서도 다르다!'라고 생각할 수 있다는 점입니다. 존 애덤스가 《Nixon in China》 오페라를 작곡할 당시에 〈The Chairman Dances〉도 작곡했기에 그렇다고 합니다.

하지만 존 애덤스는 "이 음악은 오페라의 일부가 아니다. 이것은 젊은 마오쩌둥의 춤에 대한 나의 다른 대답이다. 순수하게 음악적인 답을 위해 작곡했다."라고 이야기합니다.

오늘은 앨런 길버트가 지휘하는 영상을 소개해 드립니다. 그리고 샤넬 쇼 영상은 'Chanel 16SS'라는 키워드로 유튜브에서 찾아볼 수 있습니다.

음악 추천 | 조민석
글 | 김소라

작곡가 | Dmitri Shostakovich
곡명 | Piano Concerto No. 2 in F Major II. Andante
연주자 | London Symphony Orchestra, Yuja Wang

사랑하는 나의 아들에게

여러분은 '영롱하다'라는 단어를 들으면 어떤 모습이 떠오르나요? 아침 햇살이 드리운 풀잎의 이슬, 한낮의 태양이 내리쬐는 호숫가의 물결, 반짝이는 어린아이의 눈망울 등 여러 가지를 상상할 수 있을 것입니다. 그 단어를 음악으로 표현한다면 바로 이런 선율일 것 같은데요. 지금 듣는 이 곡은 바로 유자 왕과 런던 심포니가 협연한 쇼스타코비치 피아노 협주곡 2번 중 2악장 Andante입니다.

음악을 추천한 조민석 첼리스트는 이 곡을 듣고 '사랑'을 떠올렸다고 합니다. 이 곡은 조민석 첼리스트가 학교 오케스트라에서 만나게 되었다고 하는데요. 그때 이 선율에 매료되어 좀 더 찾아보게 되었고, 쇼스타코비치가 자녀를 위해 작곡한 곡이라는 것을 알게 되었다고 합니다. 특히 2악장은 호수에 비치는 햇살처럼 아른거리는 멜로디와 따뜻한 화성이 자녀를 바라보는 그의 심정을 대변해 주는 듯했고, 얼마나 진지하게 자녀를 사랑했는지가 느껴져 뭉클해졌다고 해요.

실제로 쇼스타코비치는 피아노 협주곡 2번을 당시 모스크바 음악원에 재학 중이던 둘째 아들 막심을 위해서 작곡했습니다. 그리고 막심은 모스크바 음악원 졸업 연주회에서 자신에게 헌정된 이 곡을 연주했습니다.

2악장의 영롱하고 꿈결 같은 분위기에 대해서는 예민한 성격의 쇼스타코비치가 폭압적인 스탈린 정권 치하에서 살아오며 겪어야 했던 공포, 굴욕, 불안함 속에서 구원의 경지를 갈망하며 작곡했을 것이라는 해석도 있는데요. 오늘은 국제 정세를 논하기보다는 쇼스타코비치가 그의 방식대로 풀어 낸 자식에 대한 사랑을 느껴 보는 것도 좋겠습니다.

총 3악장으로 이루어진 이 협주곡은 각각의 악장이 각각의 매력을 지니고 있는데요. 세 악장을 다 합쳐도 20분 남짓의 길이로 부담이 없으니, 2악장을 듣고 아름다운 멜로디와 사랑에 빠졌다면 반전 매력으로 여러분을 깜짝 놀라게 할 1악장과 3악장도 꼭 들어 보길 바랍니다.

음악 추천 | 데얀 가브리츠
글 | 박지혁

작곡가 | Felix Mendelssohn
곡명 | Piano Trio No.2 Op. 66, 3rd, 4th mvt
연주자 | Antje Weithaas, Marie-Elisabeth Hecker, Martin Helmchen

불같은 그의 음악을 다루는 음악가들

연주자가 멘델스존의 곡을 연주할 때 그의 불같은 열정과 서정적인 선율을 따라가며 컨트롤해야 하므로 어렵습니다. 하지만 이 모든 것을 완벽하게 다루는 순간 음악의 감동이 몰려옵니다.

멘델스존의 피아노 트리오 2번 중 3악장과 4악장을 독일 베를린 음대에서 가장 성공한 교수 중 한 명인 안티에 바이타스, 18세에 로스트로포비치 콩쿠르에서 우승한 첼리스트 마리 엘리자베스 헤커, 그리고 《뉴욕타임스》가 극찬한 피아니스트 마르틴 헬름헨이 연주합니다.

멘델스존의 《한여름 밤의 꿈》과 비슷한 속주로 3악장이 시작됩니다. 그 역시 피아니스트였기 때문일까요? 피아노 악보가 더욱 풍부하게 작곡된 것 같습니다. 3악장이 끝날 때까지 쉬지 못하는 세 연주자 덕분에 작은 소리를 내는 구간에서도 긴장감이 끊이지 않고 이어지고, 강약 조절이 시원합니다.

4악장은 여전히 빠르지만, 첼로의 노래를 시작으로 바이올린과의 대화가 시작됩니다. 여전히 피아노는 바쁩니다. 그렇게 4악장의 도입부를 마치고, 멘델스존만의 찬송가 분위기로 바뀌는 6분 36초 부분과 9분 37초 부분은 도입부의 열정과 대비되는 숭고함으로 다양한 기억을 회상하게 합니다.

음악 추천 | 데얀 가브리츠
글 | 박지혁

작곡가 | Antonio Vivaldi
곡명 | 'Agitata da due venti'
연주자 | Cecilia Bartoli

태양처럼 모든 것을 압도하는 성악가

남다른 자신감을 가진 연주자가 당찬 웃음과 함께 무대에 등장합니다. 이 영상은 바로 콜로라투라 메조소프라노 체칠리아 바르톨리가 노래하는 비발디의 오페라 《그리셀다》 중 〈Agitata da due venti〉입니다.

이 연주를 추천하는 이유는 체칠리아 바르톨리가 음악을 대하는 자세를 볼 수 있고, 여러 음악인에게도 많은 영감을 주기 때문입니다. 완성된 곡을 자신의 것으로 소화하는 게 가장 어려운데, 체칠리아 바르톨리는 그 단계를 넘어선 자신감으로 음악이 주는 기쁨과 재미, 그리고 카리스마까지 뿜어내며 관객들에게 엄청난 연주를 선보이고 있습니다.

〈Agitata da due venti〉는 '두 줄기 바람이 몰아치고'라는 뜻으로, 사랑으로 결혼을 약속한 연인 로베르토와 왕인 아버지의 계략 사이에서 갈등하는 코스탄자의 마음을 폭풍우 속 배에 빗대어 노래하는 아리아입니다.

연주자는 사랑의 갈망과 고민 사이를 넘나드는 엄청난 콜로라투라 기법을 선보이며 연주해야 합니다. 메조소프라노 체칠리아 바르톨리는 코스탄자의 마음을 깊게 이해하여 급변하는 표정으로 수월하게 노래하는 모습을 보여 주며 가슴에 깊게 와닿습니다.

제가 가장 사랑하는 부분은 4분 31초부터 4분 50초 사이입니다. 이 부분을 고른 이유는 콜로라투라 기법을 자유자재로 사용하며 소리의 폭이 가장 작은 곳에서 가장 큰 곳으로 올라가는 희열을 느낄 수 있기 때문입니다.

음악 추천 | 조민석
글 | 김소라

작곡가 | Giuseppe Verdi
곡명 | "Va pensiero" from Nabucco
연주자 | Opera di Roma, Riccardo Muti

히브리인들의 마음을 모아

나지막이 울려 퍼지다 어느덧 마음속에 큰 울림을 만들어 내는 이 곡은 베르디Giuseppe Verdi의 오페라 《나부코(Nabucco)》에 등장하는 〈히브리 노예들의 합창(Va Pensiero)〉입니다. 《나부코》는 구약 성서에 등장하는 바빌로니아의 왕 느부갓네살 2세를 이탈리아어로 부른 이름인데요. 더불어 이 작품은 구약 성경 예레미야서에 있는 바빌론 유수를 배경으로 하고 있습니다.

조국을 잃고 거친 강제 노역에 시달리는 히브리인들이 잠시 쉬는 동안 부르는 노래가 〈히브리 노예들의 합창〉이며 이 곡은 이탈리아 제2의 국가로 불릴 정도로 유명합니다.

한편 이 작품은 베르디가 성공한 오페라 작곡가로서의 입지를 다지게 해 주었는데, 작곡 당시 오스트리아의 지배를 받고 있는 조국 이탈리아의 독립을 염원했다고 합니다. 그래서인지 다른 이탈리아 오페라를 대표하는 장면과는 다르게 잔잔하고 슬픈 합창이 《나부코》의 명장면으로 꼽힙니다.

영상을 추천한 조민석 첼리스트 역시 크게 소리 지르지도, 감정을 드러내지도 않고 그저 가슴속에 있는 진정으로 바라는 자유를 차분하게 말할 뿐인 이 곡이 참 인상 깊었다고 하네요.

기원전 히브리 사람들이, 그리고 약 200년 전 이탈리아 사람들이 해방과 자유를 바랐던 것처럼 여러분이 지금 온 마음을 모아 진정으로 바라고 있는 것은 무엇인가요? 오늘은 잔잔히 울려 퍼지는 이 곡과 함께 스스로의 '염원'을 찾아보시면 좋겠습니다.

음악 추천 | 데얀 가브리츠
글 | 박지혁

작곡가 | Antonín Dvořák
곡명 | Cello Concerto in B minor, Op. 104 B.191
연주자 | Jacqueline du Pré, Daniel Barenboim, London Symphony Orchestra

첼로 줄이 끊어진 후의 의연함

작은 체구에서 나오는 웅장한 아우라와 대담함으로 자클린 뒤 프레의 저력을 보여 주며 드보르자크의 첼로 협주곡이 시작됩니다. 55년 전 레코딩이지만, 최근에 연주된 것 같은 좋은 퀄리티의 영상입니다. 짧고 강렬한 삶을 살다 42살의 나이로 세상을 떠난 자클린 뒤 프레가 남기고 간 연주들은 아직도 사람들의 사랑을 받으며 재생되고 있습니다.

연주는 다니엘 바렌보임과 런던 심포니 오케스트라가 함께 하는데요. 사실 자클린 뒤 프레와 다니엘 바렌보임은 이 공연이 열리기 1년 전 결혼을 한 사이였습니다. 엄청난 역량의 두 음악가가 만나 다양한 레퍼토리를 선보이며 협연했죠. 그리고 3년 뒤 자클린 뒤 프레는 아픈 증세를 호소하다 결국 다발성 경화증이라는 병을 진단받게 됩니다.

1968년에 연주된 이 영상은 뒤 프레와 바렌보임이 함께하며 가장 행복하고 건강하며 열정이 넘쳤던 시기의 기록입니다. 그런 에너지 덕분인지 현과 활의 밀착에서 오는 소리의 밀도 변화가 귀를 더 사로잡습니다. 자클린 뒤 프레의 충분한 노래 속에서 관객들은 마음의 평안을 얻습니다.

첼로 협주곡은 드보르자크가 뉴욕 브루클린에서 빅터 허버트Victor Herbert의 첼로 협주곡 2번을 듣고 강렬한 인상을 받아 작곡되었습니다. 2악장에서는 드보르자크가 어릴 적 사랑한 요세피나 체르마코바가 가장 좋아했던 자신의 가곡 〈나 홀로 내버려 두세요〉를 사용했는데, 그 이유는 첼로 협주곡을 작곡하던 시점에 그녀가 사망했기 때문입니다. 애도하는 마음으로 그녀가 가장 좋아하던 가곡을 넣지 않았을까 짐작해 봅니다.

영상에는 재미있는 장면이 있는데 3악장 도입부에서 첼로의 현이 끊어집니다. 얼마나 열정적으로 연주했으면 활이 아닌 현이 끊어졌을까요. 그녀는 관객에게 "저에게 현을 바꿀 시간 2분만 주세요."라고 말하며 의연하게 무대를 떠납니다. 그리고 돌아온 뒤, 현이 또 끊어져도 이상하지 않을 만큼 넘치는 힘으로 음악을 이어 갑니다.

음악 추천 | 유정우
글 | 김소라

작곡가 | Giacomo Puccini
곡명 | "Te Deum" from Tosca
연주자 | Ruggero Raimondi, Children's Choir "A.LI.VE", Choir of Arena di Verona, Orchestra of Arena di Verona, Daniel Oren

베로나에서 만나는 200년 전의 로마

〈테 데움(Te Deum)〉은 오페라 《토스카》의 한 장면입니다. 《토스카》는 프랑스 혁명 이후 나폴레옹 전쟁 시대의 로마를 배경으로 하는 작품인데요. 1800년 6월 17일에서 다음 날 새벽 사이에 일어난 사건을 그려 낸 사실주의 오페라입니다. 이 작품에 등장하는 주인공들은 가상 인물이지만, 이들이 처한 정치적 상황은 그 시대 로마의 모습 그대로인데요.

1798년 나폴레옹 혁명군이 이탈리아와의 첫 전투에서 승리를 거두자 로마 교황청의 위신은 완전히 추락했습니다. 교황은 프랑스로 끌려가 이듬해 세상을 떠났고, 로마를 점령한 나폴레옹은 이곳을 '로마 공화국'으로 선포합니다. 그러나 1799년에 나폴레옹이 이집트 원정을 떠나자 오스트리아,

러시아, 영국 연합군은 로마를 공격합니다.

나폴레옹 군대에 밀려 시칠리아 섬까지 쫓겨 갔던 나폴리의 전제 군주 페르디난트 4세와 왕비 마리아 카롤리나는 같은 해 9월 군대를 이끌고 로마까지 진격해 프랑스 군대를 몰아내고 로마 공화국을 무너뜨립니다.

영상 속 장면은 프랑스의 나폴레옹이 패배했다는 소식을 전달받은 로마 교회가 엄숙한 예배를 준비하는 모습입니다. 토스카를 탐하는 경찰 서장 스카르피아가 〈가라! 토스카(Va Tosca)〉를 열창하는 가운데, 나폴레옹 군대에 대한 승리를 기념하는 곡인 〈테 데움〉이 울려 퍼지는데요.

이 영상을 추천한 유정우 선생님에 따르면 베로나 축제 극장의 화려한 연출과 합창이 터져 나올 때의 압도적인 분위기는 여느 공연도 따라갈 수 없다고 합니다. 오늘은 바로 이 작품 《토스카》, 그리고 베로나 축제 극장과 함께 1800년대의 로마로 시간 여행을 떠나 보길 바랍니다.

음악 추천 | 데얀 가브리츠
글 | 박지혁

작곡가 | Sergei Prokofiev
곡명 | Piano Concerto No.3
연주자 | Olli Mustonen, Hannu Lintu, Finnish Radio Symphony Orchestra

다재다능 무스토넨의 프로코피예프

실용주의 작곡가였던 프로코피예프는 자신이 작곡했던 선율이 버려지지 않도록 다른 곡에 재활용하기도 했습니다. 1921년에 작곡한 피아노 협주곡 3번의 몇몇 부분도 이미 작곡되어 있던 선율들을 짜깁기해 완성했다고 합니다. 워낙 화려하고 손을 많이 써야 하는 만큼 기술적으로 가장 어려운 곡에 속하는 이 곡을 음악가 올리 무스토넨이 연주합니다.

그를 피아니스트가 아닌 음악가라고 말한 이유가 있습니다. 올리 무스토넨은 드물게 지휘, 피아노, 작곡 등을 하며 어느 하나 부족함이 없습니다. 그의 음악에는 항상 열정과 에너지가 흐릅니다. 특히 프로코피예프 협주곡 3번에서는 그가 가진 세 가지 능력이 자연스럽게 녹아들어 공연이 특별하고 신선하게 다가옵니다.

속주가 나오는 부분에서 올리 무스토넨은 페달을 많이 쓰지 않고 소리를 만들어 냅니다. 그로 인해 선명하고 날카로운 소리로 연주해야 하는 곡의 특성을 잘 살렸다고 볼 수 있습니다. 저 역시 프로코피예프의 음악을 좋아하는데요. 귀에 착 감기는 선율과 더불어 금광에서 보석이 반짝이듯 타악 연주 기법을 더해 예상치 못한 곳에서 음악이 강조되어 들려옵니다. 거기에 그만의 화성이 더해져 프로코피예프의 음악은 다른 음악과는 확연히 다른 느낌을 줍니다.

제가 좋아하는 부분은 28분 24초부터 피날레 부분까지인데요. 피아니스트가 마치 신들린 것처럼 몰입하며 자신의 열정을 쏟아 내고, 오케스트라가 프로코피예프 특유의 화음을 반복적으로 쌓아 색다른 경험으로 우리를 안내합니다.

음악 추천 | 조민석
글 | 김소라

작곡가 | Frédéric François Chopin
곡명 | Chopin Piano Concerto No.2
연주자 | Seongjin Cho, European Union Youth Orchestra, Gianandrea Noseda

숨 막힐 듯 아름다운 조성진의 쇼팽 협주곡 2번

쇼팽 피아노 협주곡 2번은 쇼팽의 사랑이 담긴 곡으로 많이 알려져 있습니다. 실제로 이 곡은 쇼팽이 19살이던 1829년에 작곡된 작품으로 당시 바르샤바 음악원 학생이던 쇼팽은 동급생 콘스탄치아를 짝사랑했습니다.

하지만 쇼팽은 그 마음을 표현하기는커녕 6개월이 지나도록 그녀에게 한마디 말도 건네지 못했습니다. 그리고 허무하게도 그 사랑은 쇼팽이 세상을 뜨고 난 뒤 모리츠 카라소프스키가 쓴 쇼팽 전기를 통해서야 콘스탄치아에게 전해졌다고 합니다.

대부분의 사람들에게 하이라이트로 다가오는 2악장은 쇼팽이 이곳에만 달콤한 사랑의 묘약을 뿌려 두기라도 한 듯 숨 막히게 아름답습니다. 그러나 이 아름다운 사랑의 감정을 쇼팽 생전에 알고 있던 사람은 오직 절친 티투스 보이체호프스키뿐이었습니다. 게다가 이 곡은 사랑의 진짜 주인공 콘스탄치아가 아닌, 쇼팽이 파리 시절 알게 된 백작 부인 델핀 포토카에게 헌정되었습니다.

그래서인지 저는 이 곡을 들을 때마다 왠지 모를 슬픔이 느껴져 기분이 가라앉곤 했는데요. 조민석 첼리스트가 소개한 이 영상을 통해 이 곡을 쇼팽의 젊음이 담긴 곡으로 새롭게 보게 되었습니다.

우리나라를 대표하는 젊은 피아니스트 조성진을 차치하고도 오케스트라 단원들 역시 모두 어린 연주자입니다. 이들은 유럽 연합 청소년 오케스트라인데요. 온 마음을 다해 연주를 잘하고 싶어 하는 어린 학생 단원들의 눈빛과 표정에 시선을 빼앗기다 보면, 쇼팽의 표현하지 못한 사랑, 이루어지지 못한 사랑에 주목하던 마음은 어느새 쇼팽의 젊은 시절의 열정, 음악에 대한 순수한 사랑으로 치환하게 됩니다.

조민석 첼리스트 역시 이 영상을 보고 있으면 어느샌가 잊고 지내던, 순수하게 음악을 사랑하고 좋아했던 때가 떠오른다고 합니다. 특히 30분 무렵의 장면을 추천했는데 나지막이 미소 짓는 조성진 피아니스트와 환하게 웃으며 즐겁게 연주하는 단원들을 보면 그 누구라도 행복해지지 않을 수 없을 것입니다.

여러분에게 쇼팽 피아노 협주곡 2번은 무엇을 떠오르게 하나요? 혹시라도 이 곡을 듣고 이전의 저처럼 슬픔을 떠올렸다면, 오늘은 젊은 연주자들의 즐거운 연주를 통해 젊음의 순수함, 젊음의 열정 등을 떠올려 보면 좋겠습니다.

음악 추천 | 조민석
글 | 안일구

작곡가 | Leoš Janáček
곡명 | Sinfonietta Op. 60
연주자 | WDR Sinfonieorchester, Semyon Bychkov

하루키의 『1Q84』가 흥행시킨 음악

택시 라디오에서는 FM방송의 클래식 음악이 흘러나오고 있었다. 곡은 야나체크의 〈신포니에타〉. 정체에 말려든 택시 안에서 듣기에 어울리는 음악이랄 수는 없었다.

_ 무라카미 하루키의 소설 『1Q84』 중에서

무라카미 하루키의 소설에 여러 번 등장하며 대중에게 알려진 곡이죠. 이 음악은 몇 번 들어 보면 매력에 빠지지 않을 수 없는데 하루키 또한 좀 더 많은 사람들이 좋은 작품을 알았으면 하는 마음이 있지 않았을까 싶습니다. 체코를 대표하는 작곡가 야나체크Leoš Janáček는 소콜 체전의 위촉을 받아 이 작품을 작곡했습니다. 소콜은 체코의 국민 스포츠로 독립에 대한 체코 사람들의 염원을 나타내는 상징이었죠. 음악의 첫머리와 마지막 부분에서 거대한 팡파르가 울리는데 무려 25명의 금관 악기 연주자가 함께합니다. 승리와 환희가 느껴지는 팡파르가 이 작품을 대표하고는 있지만 그 사이사이 악장들의 섬세하고 오묘한 음악 또한 매우 훌륭합니다.

1악장(팡파르) - 2악장(성) - 3악장(여왕의 수도원) - 4악장(거리) - 5악장(시청사). 이와 같이 야나체크는 작품이 초연될 당시 브르노라는 체코 도시의 이미지를 따서 괄호 안에 제목을 따로 붙여 놓았는데 이 이름을 떠올리며 곡을 감상하면 음악을 이해하기가 수월합니다. 제목에서 언급한 것처럼 하루키에 의해 더 많은 관심을 받은 것은 사실이지만, 시간이 흐르면서 점점 더 알려질 수밖에 없었을 명작이라고 생각해요.

야나체크는 드보르자크, 스메타나Bedřich Smetana와 마찬가지로 체코를 대표하는 작곡가죠. 그런데 음악을 들어 보면 러시아 음악의 색깔 또한 많아서 선배 작곡가들과는 확실히 구분되는 캐릭터를 가지고 있습니다. 그렇기 때문에 이 작품은 이 지휘자의 연주로 듣는 것이 매우 좋은 선택이 됩니다.

바로 세묜 비치코프인데요. 러시아 출신이지만 체코 작곡가들의 작품 해석에 워낙 탁월하고 현재 체코 필하모닉의 상임 지휘자이기도 합니다. 그는 서독일 방송 교향악단의 상임 지휘자를 오랫동안 맡았는데 그 시절 수많은 명연주를 남겼죠. 야나체크의 〈신포니에타〉 역시 1악장, 5악장의 웅장함과 중간 악장들의 섬세함 모두 아주 멋지게 표현해 내고 있습니다.

음악 추천 | 조민석
글 | 김소라

작곡가 | Richard Strauss
곡명 | Don Quixote finale
연주자 | Mstislav Rostropovich, Berliner Philharmoniker

로스트로포비치와 돈키호테

라만차의 기사 돈키호테, 다들 아시죠? 『돈키호테』는 스페인의 문호 세르반테스가 17세기 초에 발표한 소설로 당시 스페인의 현실을 반영한 일종의 풍자 소설이지만, 그 독창적 발상과 심오한 상징성으로 인해 세계인의 영원한 고전이 되었습니다.

더불어 이 이야기는 다른 장르의 예술가들에게도 많은 영향을 미쳤는데요. 회화 분야에서는 귀스타브 도레, 오노레 도미에, 안토니오 프라스코니 등 여러 화가들이 이 이야기에 등장하는 명장면을 그림으로 남겼고, 음악 분야에서는 적어도 25명 이상의 작곡가들이 표제 음악, 오페라 등을 작곡했다고 합니다. 그런데 그 많은 음악 작품들 가운데 오늘날까지 생명력을 유지하고 있는 것은 리하르트 슈트라우스의 교향시가 거의 유일하다고 하네요.

슈트라우스는 〈돈키호테〉를 1897년, 그의 나이 서른세 살에 작곡했는데요. 그는 무겁고 둔탁한 비올라와 첼로의 음색에서 순진하고 순박하면서도 약간은 바보스러운 성격을 읽어 내 첼로 솔로에게 이야기의 주인공인 돈키호테를 맡겼다고 합니다.

이 곡을 추천한 조민석 첼리스트에 따르면 슈트라우스의 첼로 협주곡이 없기 때문에 첼로가 중요한 역할을 담당하는 이 곡은 첼리스트에게 단비처럼 소중하다고 합니다. 한편 영상 속 첼로 연주자 로스트로포비치는 소련에서 큰 성공을 거뒀지만 민주주의를 위해 저항한 결과 많은 탄압을 받았고 모든 걸 빼앗긴 채 미국으로 망명했습니다. 그래서인지 험난한 인생길을 걸어온 돈키호테의 삶과 로스트로포비치의 삶이 겹쳐 보이기도 하는데요.

교향시의 피날레 주제는 돈키호테의 회상과 죽음입니다. 돈키호테는 병상에 누워 가족의 보살핌을 받고 있으며, 그의 방에는 로맨스 소설책들이 아무렇게나 팽개쳐져 있죠. 그는 지나온 날들을 회상하다가 조용히 숨을 거두는데, 이 악곡은 첼로로 우리에게 이 이야기를 전해 주고 있습니다.

피날레를 들으니 『돈키호테』의 줄거리와 그를 음악으로 표현한 연주가 궁금해지지 않나요? 오늘은 조민석 첼리스트가 알려 준 방법에 따라 로스트로포비치의 삶에 돈키호테의

삶을, 그리고 그들의 삶을 또 여러분의 삶에 투영하며 곡을
깊이 있게 음미해 보면 좋겠습니다.

음악 추천 | 유정우
글 | 안일구

작곡가 | Franz Schubert
곡명 | Die schöne Müllerin
연주자 | André Schuen, Daniel Heide

슈베르트의 600여 개 가곡 중 꼭대기

슈베르트는 무려 600여 개의 가곡을 작곡했습니다. 슈베르트의 가곡은 시를 기반으로 합니다. 그는 시가 담고 있는 정서와 감정을 음악으로 표현해 내는 데 역사상 가장 뛰어난 재능을 가졌죠. 상상으로 그려 보던 것들은 슈베르트의 음악을 통해 우리 눈앞에 가까이 펼쳐집니다.

슈베르트가 쓴 가곡 중에서도 음악적으로 가장 꼭대기에 있는 것이 〈아름다운 물방앗간 아가씨〉와 〈겨울 나그네〉 두 연가곡입니다. 두 곡 모두 빌헬름 뮐러의 연작시에 음악을 붙인 것인데 오늘은 총 20개의 가곡으로 이루어진 〈아름다운 물방앗간 아가씨〉를 들어 보려 합니다.

대강의 이야기는 이렇습니다. 시냇물을 따라 방랑하던 청년은 물방앗간에서 잠시 쉬어 가게 되는데요. 그 집 주인에게는 예쁜 딸이 하나 있었고 청년은 그녀를 사랑하게 됩니다. 여러 노력 끝에 주인의 인정도 받고 그녀와도 가까워진 청년은 사랑의 꿈에 부풀죠. 그러나 그녀는 새로 나타난 사냥꾼에게 마음을 빼앗겨 버립니다. 질투심에 괴로워하던 청년은 결국 사랑을 이루지 못하고 시냇물에 몸을 던져 죽음을 맞습니다.

유난히 예민한 감수성의 소유자로서 사랑에 실패한 슈베르트, 사랑에 대한 아픔을 가지고 자전적 이야기를 연작시에 담은 뮐러, 물방앗간 아가씨를 사랑했지만 질투와 좌절 끝에 시냇물에 몸을 던지는 이야기의 주인공은 모두 같은 정서를 공유하고 있습니다. 이들이 느낀 감정이 음악에도 고스란히 녹아 있습니다. 특히 이 연가곡 〈아름다운 물방앗간 아가씨〉는 하나하나의 곡들이 아주 예민하게 유기적으로 연결되어 있어 주인공의 심리와 감정을 자연스럽게 따라갈 수 있습니다.

슈베르트의 가곡에서 가장 주목할 부분은 역시 피아노 파트입니다. 노래를 뒷받침하는 역할에 그치지 않고 적극적으로 음악에 개입해서 분위기를 만들고 가사를 전달하고 있습니다. 최고의 성악가들이 모두 최고의 피아니스트를 원하게 되는 이유이기도 합니다. 피아노 파트에서 만들어 내는 분위기와 음악을 유심히 들어 보세요.

오늘 노래를 들려줄 성악가는 이탈리아 출신의 바리톤 안

드레 슈엔입니다. 유럽의 여러 오페라 극장에서 활약 중이며, 2023년 잘츠부르크 페스티벌에서 알마비바 백작 역으로 오페라 《피가로의 결혼》에 출연하기도 했습니다. 그는 가곡 분야에서도 엄청난 인정을 받고 있습니다. 2020년 안드레 슈엔은 다니엘 하이데와 함께 도이치 그라모폰에서 슈베르트의 〈아름다운 물방앗간 아가씨〉를 녹음했고, 이 영상은 이후의 라이브 공연을 녹음한 것입니다.

음악 추천 | 유정우
글 | 김소라

작곡가 | Dmitri Schostakowitsch
곡명 | Schostakowitsch Symphony no.14
연주자 | Miina-Liisa Värelä, Mika Kares, hr-Sinfonieorchester, Klaus Mäkelä

죽음도 막을 수 없는 열정

영상 속에 흐르는 곡은 쇼스타코비치의 14번 교향곡입니다. 저는 이 곡을 듣고 두 번 놀랐는데요. 첫 번째로는 '아니, 쇼스타코비치는 열네 번째 교향곡도 썼어?'라는 생각에 한 번, 그리고 '아니, 이런 교향곡이 다 있다고?'라는 생각에 또 한 번 놀랐습니다.

쇼스타코비치는 생전에 총 15개의 교향곡을 남겼습니다. 그러므로 이 14번 교향곡은 그의 만년에 작곡된 작품인데요. 쇼스타코비치가 작곡한 교향곡들 중 가장 파격적이고 전위적인, 초년 시절의 여느 곡들보다도 실험적인 작품입니다. 쇼스타코비치는 이 곡에 이름을 붙이지 않았지만 통상 '죽은 자의 노래'라고 불립니다. 그는 생전에 무소륵스키Modest Mussorgsky의 시대를 앞선 냉철함과 강한 풍자성에 많은 영향을 받았는데요. 이 곡 역시 1960년대 초 무소륵스키의 가곡들을 관현악으로 편곡하면서 구상이 시작되었습니다.

무소륵스키 이야기를 잠시 하자면, 그는 사실상 무신론자였고, 죽음의 순간에 종교나 신에게 귀의하기보다는 죽음 그 자체를 피할 수 없는 운명으로 받아들여야 한다는 견해를 가지고 있었다고 합니다. 그래서 그런지 예술은 인민을 위해 봉사해야 하고, 긍정의 힘과 낙관주의를 지녀야 한다는 사회주의 사상 아래서 무소륵스키의 영향을 받은 이 곡은 상당히 부정적이고 무기력한 작품으로 비춰졌습니다. 이러한 이유로 소련과 쇼스타코비치 사이에 최후의 대립각이 세워진 곡으로도 유명합니다.

이 작품은 11개의 악장으로 이루어져 있고, 소프라노와 베이스가 부르는 연가곡과 같은 형태입니다. 실제 이 곡을 듣다 보면 6분경에 교회 종소리가 들리며 분위기가 반전되고, 마치 죽음의 사자가 듣는 이들을 그 세계에 초대하는 듯한 느낌이 듭니다.

이 곡을 작곡할 당시 쇼스타코비치는 거동에 무리가 왔으며 심근경색으로 인한 오른손의 마비 증세로 피아노를 연주하거나 글을 쓰기가 힘들었다고 합니다. 따라서 그는 가족들에게 종종 비관적인 발언을 했고, 언제 찾아올지 모르는 죽음을 의식하며 작곡을 했다고 하는데요. 그런 가운데서도 이 곡의 초연 당시 준비가 한창인 공연장에 매일 같이 나와 연주자들과 일일이 악수를 나누고 거의 모든 연습 과정을 경청했다고 하네요.

쇼스타코비치 말기의 실험적인 면모가 집약되어 있는 14번 교향곡은 논란이 많지만, '죽음'을 눈앞에 두고도 꺾이지 않았던 쇼스타코비치의 음악에 대한 '열정'만은 감히 어느 누구도 함부로 논할 수 없을 것 같습니다.

음악 추천 | 유정우
글 | 박지혁

작곡가 | Jules Massenet
곡명 | "Pourquoi me réveiller" from Werther
연주자 | Jonas Kaufmann, Opéra Bastille

사랑하는 사람을 놓쳐 버린 남자의 절규

괴테의 소설 『젊은 베르테르의 슬픔』 이야기를 담은 쥘 마스네Jules Massenet의 오페라 《베르테르》를 처음 접하고 마음이 애잔했습니다. 한 여자를 사랑했지만, 그 여자에게 약혼자가 있다는 사실을 알고 마음을 접으려 했던 베르테르의 심정이 느껴졌기 때문이죠.

주인공인 샤를로트는 어머니를 여의고 아버지와 동생과 살고 있었습니다. 그리고 약혼자 알베르는 샤를로트 곁에 없었죠. 그래서 약혼자 대신 베르테르라는 청년과 함께 무도회에 가게 됩니다. 그렇게 샤를로트와 베르테르는 사랑에 빠지게 되었고, 집에 돌아오는 순간 약혼자 알베르가 돌아옵니다. 샤를로트는 알베르와 결혼하겠다고 돌아가신 어머니와 약속했기 때문에 베르테르 사이에서 싹튼 사랑을 포기

하고, 결국 알베르와 결혼합니다.

오늘 소개하는 〈어찌하여 잠을 깨우는가 봄바람이여〉는 둘이 처음 만나 사랑하게 되었을 때를 회상하며 베르테르가 샤를로트에게 슬픈 사랑의 시를 낭독하는 아리아입니다.

"봄바람이 나를 부드럽게 깨우지만 근심과 걱정의 폭풍이 다가오고, 아무리 예전의 영광을 찾으려 해도 이미 지나가고 슬픈 근심과 비참함만이 남았다."라는 가사에서 알 수 있듯이, 자신은 이미 사랑하는 사람을 빼앗겼고, 예전의 행복과 사랑을 찾는다 한들 돌이킬 수 없는 상황을 한탄하는 베르테르의 심정을 담고 있습니다.

섬세한 감정 표현이 유독 중요한 이 노래를 부르는 가수는 세계 최고의 테너 요나스 카우프만인데요. 전성기 카우프만의 엄청난 절창을 볼 수 있습니다. 섬세한 표현력과 가슴이 뻥 뚫리는 시원한 가창력을 모두 갖춘 이 시대 최고 테너의 노래를 감상해 보세요.

음악 추천 | 유정우
글 | 안일구

작곡가 | Johann Sebastian Bach
곡명 | Pièce d'Orgue BWV 572
연주자 | Leo van Doeselaar, Netherlands Bach Society

쏟아지는 오르간 사운드

음악을 전공한 사람이라 할지라도 바흐의 복잡한 대위법을 완벽하게 이해하기는 쉽지 않습니다. 그러나 바흐의 음악이 우리에게 꼭 이해를 강요하지는 않습니다. 우리는 그저 듣고 느끼면 됩니다. 이론을 아무것도 몰라도 오르간의 매력에 완전히 푹 빠져 버릴 만한 곡을 소개합니다.

이 작품은 바이마르 시대인 1712년경 작곡되었고 라이프치히 시대인 1720년대 후반에 개정되었습니다. 바흐는 이 작품에서 어떤 스타일을 구현해 내고 있는데, 오르간 주자이자 작곡가로 활동했던 니콜라스 드 그리니Nicolas de Grigny의 스타일입니다. 그리니는 노트르담 대성당의 오르간 주자를 맡을 만큼 당대 최고의 거장이었습니다.

곡은 세 부분으로 나누어져 있는데 매력이 각각 다릅니다.

첫 파트의 가볍고 경쾌한 부분을 지나 2악장이 시작될 때의 웅장함이 대단합니다. 두 번째 파트 〈Gravement〉는 그야말로 바흐가 음악으로 신과 대화하는 것처럼 느껴질 지경입니다. 세 번째 파트에서는 양손과 발로 하는 연주를 구분해서 들어 보기 좋은데요. 두 성부가 유기적으로 진행되다 끝에 가서 거대하게 합쳐지는 마지막 코드가 일품입니다. 전체를 감상하되 주목해서 들을 부분이 있습니다.

유정우 선생님이 강력하게 추천하는 부분은 〈Gravement〉의 6분 40초부터 7분경인데요. 흔히 페달포인트(Orgelpunkt)라고 부르는 기법이 나옵니다. 이 기법은 발로 밟는 페달의 한 음을 지속하면서 양손으로는 계속 선율과 화성을 진행하는 방법입니다. 그러면 필연적으로 불협화음이 발생할 수밖에 없는데 이로 인한 긴장감이 정말 압권입니다. 바그너 또한 반지 시리즈 중 〈라인의 황금〉 첫머리, 브루크너Anton Bruckner 교향곡 7번 1악장 코다, 말러 교향곡 1번 1악장 서주 등이 관현악으로 이를 모방하기도 했죠.

압도적인 사운드를 내고 있는 사람은 네덜란드 출신의 오르간 연주자 레오 반 도셀라르입니다. '네덜란드 바흐 소사이어티'에서 그의 연주를 여러 개 들을 수 있는데 모두 놓칠 수 없는 명연뿐입니다.

음악 추천 | 유정우
글 | 박지혁

작곡가 | Ludwig van Beethoven
곡명 | Symphony No.6 "Pastoral"
연주자 | Christian Thielemann, Wiener Philharmoniker

베토벤과 함께 떠나는 시골 여행

우리의 심신은 결국 자연과 하나 될 때 가장 많은 치유를 받는 것 같습니다. 베토벤도 자연을 참 사랑했는데요. 그는 마음의 안식처와 같았던 하일리겐슈타트의 자연에 대한 깊은 사랑을 담아 6번 교향곡 〈전원 교향곡〉을 작곡했습니다. 그리고 이 곡에 직접 '전원생활의 추억(묘사라기보다는 감정의 표현)'이라는 표제를 달았죠. 바로 앞에 있는 5번 교향곡 〈운명〉과는 전혀 다른 분위기로 대중의 마음을 사로잡았습니다.

이 교향곡은 총 5악장으로 구성되어 있고 악장마다 표제가 있습니다. 1악장 '시골에 도착했을 때 느끼는 즐거운 감정', 2악장 '시냇가에서의 풍경', 3악장 '시골 사람들의 즐거운 모임', 4악장 '천둥, 폭풍우', 5악장 '목동의 노래, 폭풍이 지나간 뒤의 기쁨과 감사'로 이루어져 있어요.

담백하고 역사 깊은 소리를 만들어 내는 빈 필하모닉과 함께 크리스티안 틸레만이 지휘를 맡았습니다. 오케스트라의 특성과 지휘자의 해석이 어우러져 곡과 참 잘 어울린다는 생각이 듭니다. 마치 베토벤과 함께 시골 여행을 다녀온 느낌이 드는데요. 저는 이렇게 상상이 됩니다.

'시골에 도착해 즐겁고 유쾌하게 걸어 다닌다. 시냇가에서 새가 지저귀는 평화로운 풍경을 바라본다. 조금 더 걸어가니 시골 사람들이 즐겁게 모여 있는 모습이 보인다. 하지만 갑자기 찾아온 어두운 먹구름과 폭풍우로 정신없이 뛰어다닌다. 마침내 폭풍이 지나가자 목동의 노래를 들으며 시골 마을의 평화를 다시 느낀다.'

음악 추천 | 조민석
글 | 김소라

작곡가 | Richard Wagner
곡명 | Siegfried Funeral Music from Götterdämmerung
연주자 | Georg Solti, Wiener Philharmoniker

반지에 더해진 열정

흔히 조직의 리더에게 가장 중요한 것은 카리스마라고 하죠. 여느 조직처럼 오케스트라를 이끌어 가는 사람, 즉 지휘자에게도 가장 중요한 것은 자신이 무얼 원하는지 명확하게 아는 것과 압도적인 카리스마일 것입니다.

카리스마는 사이먼 래틀처럼 따스함 속 선명함이나, 카라얀처럼 눈을 감고 본인에게 온전하게 집중하게 만드는 진중함 등 다양한 형태로 나타날 수 있겠죠.

한편 조민석 첼리스트는 압도적인 열정을 통해 카리스마를 뿜어내는 지휘자 솔티를 보며 '똑바로 안 하면 혼나겠는데?'라는 생각이 먼저 떠올랐다고 합니다. 더불어 열정적인 지휘 가운데서도 음을 하나하나 낚아 올리는 솔티의 디테일에 곡을 한층 더 맛깔스럽게 듣게 되었다고 하네요.

영상을 좀 더 자세히 살펴보겠습니다. 영상에는 바그너의 오페라 《니벨룽의 반지》 4부 중에서 〈지크프리트의 죽음과 장송 행진곡〉을 녹음하는 게오르그 솔티와 빈 필하모닉의 모습이 담겨 있는데요.

바그너는 이 작품을 고대 노르웨이와 아이슬란드의 전설집인 『사가(saga)』와 중세 독일의 영웅 서사시 「니벨룽의 노래」에 기초하여 창작했다고 합니다. 이 대작은 제1부 '라인의 황금', 제2부 '발퀴레', 제3부 '지크프리트', 제4부 '신들의 황혼' 등 4개의 악장극으로 구성되어 있습니다.

그리고 작품 속에는 3개의 세계가 등장합니다. 보탄을 중심으로 하는 신들의 세계, 난쟁이 니벨룽족의 세계, 지크프리트를 중심으로 하는 인간의 세계가 바로 그것이죠. 신들의 세계가 몰락한 후 인간의 세계가 탄생되는 과정이 묘사된 《니벨룽의 반지》, 그 작품을 관통하는 지크프리트 모티브, 여기에 더해진 솔티의 열정 넘치는 카리스마까지 즐겁게 감상해 보길 바랍니다.

음악 추천 | 조민석
글 | 안일구

작곡가 | Richard Strauss
곡명 | Ein Heldenleben, Op. 40
연주자 | Mariss Jansons, Symphonieorchester des Bayerischen Rundfunks

얀손스와 BR의 완벽에 가까운 영웅의 생애

바이에른 방송 교향악단과 지휘자 마리스 얀손스는 음악 역사상 가장 훌륭한 조합 중 하나입니다. 지휘자와 연주자가 서로 주고받는 에너지가 타의 추종을 불허하죠. 리하르트 슈트라우스의 교향시 〈영웅의 생애〉를 이야기하면 카라얀과 베를린 필하모닉의 조합을 떠올리는 분들이 많겠지만 이 영상은 그와는 조금 다른 스타일이면서도 거의 완벽에 가까운 앙상블을 보여 주고 있습니다.

〈영웅의 생애〉에서 '영웅'은 리하르트 슈트라우스 본인을 가리킵니다. 이 점은 작품 속 5부에서 자신의 대표곡을 인용한 것을 보면 명백합니다. 물론 한 인터뷰에서 자신을 칭하는 것이 아니라는 듯 말한 적이 있지만 1890년 프랑크푸르트 초연 이후 스스로를 '영웅'이라 부르는 것에 대한 당시 사람들의 조소를 잠시 피해 가려고 한 것 같습니다.

그렇지만 한 인물에 대해 '남이 쓴 위인전'과 '본인이 쓴 자서전'이 있다면 여러분은 어떤 책을 집어 들겠어요? 당연히 본인이 직접 쓴 자서전이겠죠. 〈영웅의 생애〉는 34세의 리하르트 슈트라우스 본인이 자신의 인생을 돌이켜 보는 자서전과 같습니다. 물론 곡 안에서는 칼과 방패를 들고 전장에 나가 적들과 맞서 싸우는 기사 영웅이 그려지지만 여러 고난과 역경을 딛고 위대한 예술가의 삶을 살아간 슈트라우스의 삶이 그와 많이 다르지는 않습니다.

작품은 6개의 부분으로 나누어지는데 차례대로 '영웅', '영웅의 적들', '영웅의 동반자', '영웅의 전장', '영웅의 업적', '영웅의 은퇴와 완성'입니다. 영웅의 화려한 일대기부터 사랑에 대한 감정을 가득 담고 있는 것이죠. 그렇기 때문에 모든 연주자들은 이 곡 연주하기를 즐기고 모든 지휘자 영웅들은 이 작품을 지휘하고 싶어 하죠. 작품에서 특히 중요한 역할을 맡고 있는 두 악기가 있는데요. 영웅을 상징하는 호른과 연인을 상징하는 바이올린입니다. 두 악기는 작품을 관통하며 계속 등장하는데 특히 마지막 부분에 서로를 위로하고 다독이며 대화하는 듯한 장면은 아주 감동적입니다.

BR의 악장인 안톤 바라초프스키와 호른 수석인 카스텐 카레이 두핀의 연주는 경이로운 수준입니다. 가슴이 터질 듯한 두 사람의 음색에 귀를 기울이며 들어 보세요.

음악 추천 | 조민석
글 | 박지혁

작곡가 | Richard Wagner
곡명 | 'Prelude' from Opera Parsifal
연주자 | Andrés Orozco-Estrada, Frankfurt Radio Symphony Orchestra

성배의 전설과 바그너의 라이트모티프

바그너의 대작 중 하나인 《파르지팔》의 서곡은 인간이 만들어 낼 수 있는 한계를 넘어 천상의 소리를 들려주는데요. 예수님이 최후의 만찬에서 사용한 성배의 전설을 토대로 작곡했기 때문에 그렇습니다. 또한 '무대신성축전극'이라는 거창한 명칭을 붙여 일반적인 무대 공연을 넘어서 마치 종교 의식 같은 장엄하고 숭고한 작품이라는 것을 보여 주고 있습니다. 더 나아가 바그너는 《파르지팔》과 《니벨룽의 반지》를 연주하기 위해 전문적으로 지어진 바이로이트 축제 극장을 건설했고 페스티벌을 기획했죠.

오페라의 서곡은 대략적인 줄거리를 예고편처럼 미리 보여 주며 시작됩니다. 4~5시간 이상 진행되는 《파르지팔》의 방대한 줄거리는 중세 스페인의 사원을 배경으로 성배를 지키는 자와 빼앗으려는 자 사이의 대결에 관한 내용이며, 착하고 용감한 성배 수호 기사인 파르지팔이 마법사에게 빼앗긴 창을 되찾고 왕이 되는 과정을 신화적으로 해석한 작품입니다.

이 서곡을 더 깊게 이해하려면 '유도 동기'라고 부르는 라이트모티프(leitmotif)를 알고 있어야 하는데요. 라이트모티프는 곡 중 주요 인물이나 사물, 특정한 감정 등을 상징하는 주제 선율을 가리키며, 이 서곡에는 크게 사랑의 축제, 성배, 믿음 총 세 가지의 라이트모티프가 있습니다. 영상에서 '사랑의 축제' 모티프는 27초부터 1분 8초 사이에, '성배' 모티프는 5분 25초에서 6분 1초 사이에, '믿음' 모티프는 6분 5초에서 6분 23초 사이에 처음으로 등장합니다.

《파르지팔》의 핵심인 세 가지 라이트모티프를 귀에 익혀 두면 작품을 더 깊이 이해할 수 있습니다. 심신이 정화되는 곡이 되기를 바라며 바그너 《파르지팔》 중 서곡을 추천해 드립니다.

음악 추천 | 데얀 가브리츠
글 | 박지혁

작곡가 | Valentin Silvestrov
곡명 | Lullaby
연주자 | Daniel Rowland, Borys Fedorov

어른들을 위한 자장가

바쁜 일상을 사는 우리에게 잊혀진 자장가는 사실 그 어떤 음악보다도 가장 사랑하는 사람의 애정이 담긴 노래입니다. 하루의 고단함을 달래 주고, 밤이 무서웠던 시절 따뜻한 부모님의 음성을 따라 꿈나라로 떠날 수 있었죠. 오늘 소개하는 자장가는 조금 생소할 수 있는 우크라이나의 작곡가 발렌틴 실베스트로프Valentin Silvestrov가 작곡했습니다. 알프레드 시닛케Alfred Schnittke와 아르보 패르트Arvo Pärt에게 '우리 시대의 가장 위대한 작곡가'라고 평가받을 정도로 그가 작곡가로서 음악을 대하는 자세는 남달랐습니다.

실베스트로프는 자신의 음악이 음악 역사에 대한 '코다(Coda)'처럼 기억되기를 원했습니다. 에필로그와 같은 의미를 갖는 음악 용어인 코다는 악장의 끝에서 만족스러운 종결의 느낌을 주는데요. 이미 역사 속에서 작곡된 음악에 대한 메아리 같은 작품들을 작곡하기에 그의 음악은 마치 예전에 들어 본 곡과 비슷한 느낌을 주면서도 새롭습니다. 그의 음악은 정확한 이유를 알 수 없지만 우리에게 감정적으로 깊은 영향을 주고, 단순하면서도 철학적입니다.

보리스 페데로프의 따듯한 피아노 반주 위에 다니엘 로우랜드의 공기가 섞인 활을 통해 듣게 되는 첫 소절은 어릴 적 들었던 자장가처럼 자연스럽게 우리의 감정과 하나가 됩니다. 화려한 주법, 완벽한 음정이 강조되는 다른 곡들과 다르게 사뭇 불완전하지만, 마음을 위로해 주는 선율과 편안한 감정을 만들어 내는 이 작품은 오랜 시간 제 마음속에 남았습니다. 특히 마지막 무렵에 등장하는 바이올린 피치카토는 꿈으로 빠져드는 몽롱한 순간을 표현한 것 같아서 인상 깊습니다.

음악 추천 | 데얀 가브리츠
글 | 박지혁

작곡가 | Johannes Brahms
곡명 | String Sextet No.1, Op.18
연주자 | Janine Jansen & Friends(Boris Brovtsyn, Amihai Grosz and Gareth Lubbe, Jens Peter Maintz and Torleif Thedéen)

젊은 브람스의 고뇌가 느껴지는 새로운 도전

요하네스 브람스가 27살에 작곡한 현악 6중주에는 베토벤의 그림자에서 벗어나 새로운 영역을 확장해 보고 싶었던 젊은 브람스의 고뇌가 고스란히 담겨 있습니다. 지금은 익숙하지만 당시에는 소수의 작곡가만 두 대의 바이올린, 두 대의 비올라, 그리고 두 대의 첼로를 위한 곡을 작곡했죠. 새로운 도전답게 네 개의 악장은 전혀 다른 분위기를 가지며 연주됩니다.

1악장은 첼로의 선율이 따듯하게 감싸 안듯 시작됩니다. 묵직한 선율과 당당한 테마들은 브람스의 1번 교향곡 마지막 악장을 떠오르게 하죠. 2악장은 바로크 시대에 유행했던 중세 스페인의 느린 춤곡 '라 폴리아(La Folia)'를 사용하며 변주를 이어 갑니다. 열정적으로 클라이맥스를 향해 가다가 비올라의 아련한 솔로를 지나 첼로의 마무리와 함께 잔잔하게 끝을 맺습니다. 다시 활발한 분위기로 돌아온 3악장은 이 곡에서 가장 힘찬 에너지를 가지고 있습니다. 짧지만 강렬하게 마무리되고 새로운 여행을 떠나는 듯한 4악장이 시작됩니다. 서정적이고 아름다운 선율은 우아하며 절제된 열정으로 표현되었습니다.

제가 좋아하는 부분은 31분 34초경 시작됩니다. 짙은 감정을 뿜어내다가 갑작스럽게 날카로운 열정으로 연주되는 구간을 지나 다시 사랑을 노래하죠. 특히 재닌 얀센의 매력인 풍부한 표정과 즐기는 모습이 다른 악기에도 전달되며 음악을 꽃피웁니다.

곡의 마지막 피날레는 여유 있는 표현으로 마무리되는 듯했으나 예상 밖으로 바이올린이 아닌 비올라의 속주가 시작됩니다. 젊은 브람스의 참신한 유머가 담긴 화려한 피날레는 깜짝 선물처럼 다가옵니다. 세계 정상급 현악기 연주자들이 끝까지 긴장감을 놓지 않으며 만들어 내는 연주와 함께 소중한 순간이 되면 좋겠습니다.

음악 추천 | 데얀 가브리츠
글 | 안일구

작곡가 | Wolfgang Amadeus Mozart
곡명 | "Vorrei spiegarvi, oh Dio"
연주자 | Sabine Devieilhe, Raphael Pichon, L'Ensembre Pygmalion

모차르트의 사랑이 가득 담긴 아리아

모차르트Wolfgang Amadeus Mozart의 첫사랑은 알로이지아라는 여인입니다. 이 여인은 나중에 모차르트의 아내가 되는 콘스탄체의 언니입니다. 당시 모차르트가 프랑스로 떠나며 사랑이 이루어지지 않았지만 모차르트는 결혼을 결심할 정도로 알로이지아를 열렬히 사랑했다고 합니다.

그런 그녀를 위해 모차르트가 사랑을 담아 쓴 두 곡의 아리아가 있는데 오늘 두 곡 중 한 곡을 소개합니다. 특이하게도 이 아리아는 알로이지아가 출연하게 될 다른 작곡가의 오페라에 삽입되었는데 바로 파스쿠알레 안포시Pasquale Anfossi가 쓴 《경솔하고 호기심 많은 남자》입니다.

'오, 하느님. 저의 슬픔을 설명할게요'라는 뜻의 〈Vorrei spiegarvi, oh Dio〉는 오페라 1막 6장에 등장합니다. 칼란드로는 자신의 약혼녀 클로린다의 사랑을 시험하려 합니다. 그래서 친구인 리파베르데 백작에게 클로린다의 환심을 사도록 하는데요. 계속되는 구애로 백작을 사랑하게 된 클로린다는 백작의 신부 에밀리아를 질투합니다. 이 아리아는 에밀리아에게 다시 백작을 돌려보내야만 하는 상황에서 부르는 곡입니다.

'아, 백작님. 저에게서 떨어져 멀리 도망치세요. 당신을 사랑하는 에밀리아가 당신을 기다립니다.'

아리아를 부르는 성악가는 사빈 드비엘입니다. 꾀꼬리 같은 목소리에도 불구하고 슬픔이 묻어나 모차르트의 음악과 잘 어우러집니다. 백작을 사랑하지만 보내야 하는 안타까움을 표현하는 연기 또한 일품입니다. 드비엘의 남편이자 앙상블 피그말리온을 이끄는 라파엘 피숑의 지휘와 연주도 아주 멋지네요.

음악 추천 | 조민석
글 | 김소라

작곡가 | Gustav Mahler
곡명 | Symphony No.9
연주자 | lucerne festival orchestra, Claudio Abbado

곡이 끝난 후 고요함에 머무는 시간

"음악을 한다는 것은 연주할 줄 아는 것이 아니라 들을 줄 아는 것을 의미한다."

_ 클라우디오 아바도

아바도는 지휘자의 태도로 독재 대신 언제나 들을 것을 강조했습니다. 음악이 시작되기 전과 후, 음악이 울리고 있을 때 그리고 음악이 사라진 뒤에 여운을 느끼면서 정적에 귀를 기울였죠. 같은 공간 안에서 숨 쉬고 있는 관객들 또한 기꺼이 그 경청에 동참했습니다.

영상 속에는 말러 9번 교향곡이 흐르고 있습니다. 말러의 음악도 너무 좋지만 오늘은 영상 자체에 주목하면 좋겠습니다. 음악이 느리게 흐르는 이곳은 바로 루체른 페스티벌이 펼쳐지는 스위스 루체른의 KKL입니다. 천천히 흐르는 음악 위로 소리 하나하나를 어루만지며 부유하듯 나아가는 손길의 주인공은 바로 전설적인 지휘자, 클라우디오 아바도입니다.

아바도는 베를린 필하모닉 상임 지휘자에서 물러난 이듬해인 2003년 루체른 페스티벌 오케스트라를 창단합니다. '페스티벌'이라는 단어가 말해 주듯 이 오케스트라는 페스티벌 기간에만 모이는 프로젝트 오케스트라입니다. '임시' 오케스트라임에도 불구하고 아바도가 만든 말러 챔버 오케스트라를 주축 삼아 특급 연주자들이 앞다퉈 모였는데요. 솔리스트로 이름난 클라리넷 연주자 자비네 마이어, 베를린 필하모닉의 스타인 플루티스트 엠마누엘 파위, 오보이스트 알브레히트 마이어 등입니다.

그런데 이런 굵직한 업적에도 불구하고 영상 속 아바도는 웬일인지 조금 수척한 모습인데요. 이는 그가 2000년 여름, 사르데냐 섬의 별장에서 쓰러진 뒤 위암 수술을 받고 투병 생활을 이어 나갔기 때문입니다. 비록 신체는 수척해졌을지라도 사선에서 돌아온 지휘자의 혼과 영은 더욱 깊어져 이전과는 사뭇 다른 집중력과 새로운 통찰력을 보여 줍니다.

그래서일까요? 이 영상에서는 오케스트라의 연주보다 박수가 터져 나오기 전까지 이어지는 무려 2분 16초의 정적과 고요함 속에서 더 큰 울림이 느껴지는 것 같습니다. 연주를 마치고 신에게 모든 순간을 헌정하는 듯한 심정으로 무대에

서 있는 아바도, 그를 따라 천 명 가까이 되는 사람들이 모
두 고요히 침묵을 지키고 있는 바로 저 순간.
클래식 음악이 우리에게 줄 수 있는 영적인 순간이 담긴 귀
한 영상인데요. 오늘은 소리보다 고요함을 감상해 보길 바
랍니다.

음악 추천 | 데얀 가브리츠
글 | 안일구

작곡가 | Robert Schumann
곡명 | String Quartet No. 3 in A major, Op. 41/3
연주자 | Leonkoro Quartet

놀라운 재능과 열정의 현악 4중주

"레온코로 콰르텟은 엄청난 무대 존재감과 음악에 대한 열정을 갖고 있으며, 모든 위험을 감수하고 작품의 사운드에 대한 도전과 공감으로 놀라움을 선사합니다."

_ 독일 일간지 《프랑크푸르터 알게마이네 차이퉁》 중에서

2019년 베를린에서 결성된 젊은 4중주의 연주를 들어 보세요. 뜨거운 열정뿐 아니라 곡에 대한 깊은 해석 또한 눈부십니다. 2021년과 2022년, 수많은 국제 실내악 콩쿠르에서 우승을 거머쥔 레온코로 콰르텟은 2023년부터 본격적으로 베를린 필하모닉이나 콘세르트허바우 암스테르담과 같은 주요 무대에서 데뷔하며 연주를 선보이고 있습니다.

슈만은 이 작품을 1842년에 작곡했는데 이 시기는 그가 실

내악 작품을 집중적으로 작곡하던 시기입니다. 1840년에는 가곡, 1841년에는 교향곡 작곡에 전념했죠. 피아니스트 정체성을 가진 슈만에게 현악 4중주 작곡은 쉬운 일이 아니었습니다. 그래서 그는 하이든, 모차르트, 베토벤 등 선배 작곡가의 작품을 공부했고, 평소 좋아하던 작곡가 멘델스존에게 존경의 의미를 담아 자신이 작곡한 현악 4중주 세 곡을 모두 헌정했습니다. 4중주에 대해 몇 년을 고민하고 공부한 슈만이지만 정작 작곡에 착수한 후 현악 4중주 세 곡을 고작 두 달여 만에 완성했다고 합니다.

멘델스존은 슈만의 현악 4중주를 접하고 훌륭하다며 기뻐했지만 사람들은 그의 현악 4중주를 유독 푸대접했습니다. 아내 클라라조차 슈만이 현악 4중주 작곡에 적합한 인물인지 의문을 품었다고 합니다. 그러나 시간이 지나고 시대가 바뀌면서 여러 현악 4중주단이 슈만의 작품을 지속적으로 무대에 올리고 있습니다. 연주자들이 계속 슈만의 현악 4중주를 불러내는 데에는 분명 이유가 있겠죠.

오늘 소개하는 영상 속 레온코로 콰르텟은 슈만 작품 속에 숨어 있는 다채로운 감정과 아름다움을 충분히 끌어내고 있습니다. 슈만의 작품을 느끼기에도, 현악 4중주의 매력을 느끼기에도 손색이 없습니다.

음악 추천 | 박지혁
글 | 박지혁

작곡가 | Camille Saint-Saëns
곡명 | Symphony No.3 in c minor, Op. 78 'Organ'
연주자 | Myung Whun Chung, Orchestre Philharmonique de Radio France

생상스의 마스터피스

"나는 이 작품에 내가 할 수 있는 모든 것을 부여했다. 내가 여기에서 성취한 것은 나 자신도 결코 다시는 이루지 못할 것이다."

_ 카미유 생상스

이 곡을 최근에 연주하고 나서 일주일 동안 헤어나지 못했습니다. 천국에서 들릴 법한 황홀하고 아름다운 분위기의 선율을 지나 웅장한 오르간으로 마무리되는 생상스의 3번 교향곡 〈오르간〉을 소개합니다.

프랑스의 천재 작곡가 카미유 생상스는 두 살 무렵부터 피아노를 배우기 시작했고, 세 살에 피아노 소품곡을 작곡해 어린 시절 모차르트와 멘델스존을 능가한다는 평을 받았습니다. 결국 유서 깊은 파리 음악원에서 공부하며 평생 피아니스트이자 오르가니스트, 그리고 작곡가로 살게 되었습니다. 오랜 시간이 지나 그의 나이 51살, 창작의 절정을 찍은 3번 교향곡은 그 당시 독일-오스트리아의 작곡가들과 견줄 만한 걸작이라고 평가받았습니다. 프랑스 입장에서는 얼마나 자랑스러웠을까요?

왜 하필 〈오르간〉일까 생각해 보면 그가 20년 넘게 오르가니스트로 활동했고 누구보다 그 악기의 특성을 잘 알기 때문이었겠죠. 정교한 오르간 사용으로 관현악 편성을 더 풍부하게 만들어 하나의 교향곡을 만들었습니다.

보통 교향곡은 4악장까지 있지만, 이 곡은 크게 2악장으로 구성되어 있습니다. 하지만 오르간이 1악장의 뒷부분(10분 32초경)과 2악장의 뒷부분(28분 13초경)에 나오기 때문에 총 4개의 악장이 있는 것처럼 들립니다.

첫 시작부터 어둡게 몰아치는 16분음표, 그 위에는 긴 레가토의 선율이 흘러갑니다. 그리고 처음 오르간이 나오는 포코 아다지오 부분은 두 번째 느린 악장과 같은 형식을 가지고 있는데요. 오르간의 첫 등장과 함께 모든 현이 칸타빌레의 선율로 노래하기 시작하며, 17분 18초부터 긴장감을 끌어올리는 피치카토를 해소하고 현악기가 황홀하게 노래합니다. 이 아름다운 부분이 긴장감이 해소된 뒤에 오는 희열과 벅찬 느낌으로 다가와 제 가슴에 깊게 남았습니다.

그리고 다시 몰아치는 현악기를 시작으로 긴장감을 놓칠 수 없는 2악장이 시작됩니다. 이런 폭풍이 지나가고 28분 11초경 오르간이 다시 나오며 마지막 피날레가 시작되는데 두 명의 피아니스트가 생상스의 《동물의 사육제》〈수족관〉에 나올 법한 환상적인 아르페지오를 연주하며 감정이 더욱 고조됩니다. 그리고 화려하고 당차게 곡이 마무리됩니다. BBC Proms에서 지휘자 정명훈과 라디오 프랑스 필하모닉이 만들어 낸 최고의 연주를 들어 보세요.

음악 추천 | 데얀 가브리츠
글 | 안일구

작곡가 | Josef Rheinberger
곡명 | Abendlied
연주자 | Voces8

마치 실크와 같은 8명의 목소리

Voces8은 8명으로 이루어진 영국의 매우 뛰어난 아카펠라 그룹입니다. 이들은 소프라노 2명, 카운터테너 1명, 알토 1명, 테너 2명, 바리톤 1명, 베이스 1명으로 이루어져 있는데 8명이 한데 모여 이루는 하모니가 마치 부드러운 실크 여덟 겹이 교차하며 어우러지는 느낌이 들어요. 이들은 방대한 레퍼토리를 보유하고 있는데 그중 종교 음악을 빼놓을 수는 없습니다.

오늘 이들이 부르는 작품은 요제프 라인베르거Josef Rheinberger라는 작곡가의 모테트 〈저녁 노래(Abendlied)〉입니다. '모테트'란 중세나 르네상스 시대부터 유행한 성악곡을 말하는데요. 언어 또는 단어를 뜻하는 프랑스어 'mot'에서 유래해 처음에는 다성 음악에서 가사를 가진 성부를 가리켰다가 나중에는 다성 음악 전체를 일컫는 말이 되었습니다.

이 곡의 가사는 마르틴 루터의 독일어 성경 중 누가복음 24장 29절에서 가져왔습니다.

> Bleib bei uns
>
> 우리 곁에 머무르세요.
>
> denn es will Abend werden
>
> 그러면 저녁이 찾아올 거예요.
>
> und der Tag hat sich geneiget.
>
> 그리고 하루가 저물 겁니다.

라인베르거는 15살 때인 1855년 이 곡을 처음 썼고 이후 수정하거나 새로 출판하기도 했습니다. 100년이 훌쩍 지난 지금 이 짧고 아름다운 작품은 여러 합창단이나 아카펠라 그룹에게 사랑받고 있으며 그를 대표하는 곡이 되었습니다.

음악 추천 | 유정우
글 | 안일구

작곡가 | Ludwig van Beethoven
곡명 | Piano sonata no. 1 in F minor
연주자 | Rudolf Buchbinder

부흐빈더에게 베토벤이 들린다

얼마 전 부흐빈더 내한 공연에 관한 기사를 읽는데 '세계 곳곳에서 베토벤 소나타 32곡 전곡을 60회 이상 연주했다'라는 대목을 보고 믿기지가 않았어요. 평생 단 한 번 이루기도 힘든 것을 전 세계를 돌며 60번 이상 했다니 그 자체로도 정말 대단하죠. 저는 〈비창〉 소나타가 포함된 날의 공연을 가게 되었는데요. 가장 많이 들어서 조금은 지루하고 무뎌졌다고 생각한 2악장을 듣는데 눈물이 나더라고요. 예술의 전당에서 줄줄 울 수는 없어서 고개를 들고 겨우겨우 참았습니다.

들으면 들을수록 부흐빈더와 베토벤 사이에는 뭔가가 있다는 생각이 들었어요. 연주자는 작곡가가 남겨 놓은 악보를 보고 그 음악을 전달하는 사람인데, 부흐빈더는 마치 베토벤과 직접 대화를 나누고 온 사람 같더라고요. 어떤 부분은 담담하게, 어떤 부분은 아주 거침없이 몰아치는데 눈으로는 무대 위의 부흐빈더를 보고 있지만 귀로는 베토벤의 감정이 생생하게 전달되었습니다. 이 영상 또한 비슷해요. 정말 베토벤이 들립니다.

한때는 베토벤이 죽기 전에 완성한 후기 피아노 소나타를 주야장천 들을 때가 있었는데요. 어느 날 공연장에서 1번 피아노 소나타를 듣고는 이 작품이야말로 가장 베토벤답다고 생각한 적이 있습니다. 형식이나 기법적으로는 하이든이나 모차르트를 연상케 하는 것도 사실이지만 분명히 조금은 더 어둡고 묵직했습니다. 1번 소나타부터 단조로 쓴 것도, 검은 건반으로 뒤덮이는 f단조로 쓴 것도, 악장과 악장 사이의 감정 변화가 극심한 것도 베토벤다워요. 20대의 베토벤이 쓰고 한때 스승이었던 하이든에게 헌정한 이 곡은 베토벤이 앞으로 이루게 될 위대한 업적을 상상케 하는 예고편과도 같습니다.

유정우 선생님은 이 곡과 함께 스티븐 스필버그 감독의 영화 〈파벨만스〉를 추천했습니다. 영화에는 어머니 밋치가 베토벤 피아노 소나타 1번을 연주하는 장면도 있습니다. 부흐빈더의 연주를 먼저 듣고 영화를 보면 귀에 선명하게 들릴 거예요.

음악 추천 | 유정우
글 | 안일구

작곡가 | Johann Sebastian Bach
곡명 | Concerto in D Minor, BWV 974-2. Adagio
연주자 | Víkingur Ólafsson

피아노 연주로 살아난 바로크 명곡

스티븐 스필버그 감독의 영화 〈파벨만스〉는 보면 볼수록 참 명작이더라고요. 영화에서는 몇 가지 클래식 음악이 흐르고 있는데요. 베토벤의 음악 외에도 쿨라우Friedrich Kuhlau나 클레멘티Muzio Clementi의 피아노 작품도 등장합니다. 영화 속 가장 중요한 장면에서는 바흐의 곡을 선택했는데요. 바로 건반을 위한 협주곡 d단조 BWV 974의 2악장 아다지오입니다. 구슬프면서도 아름다운 선율로 많은 사랑을 받는 곡이죠. 그런데 이 음악에는 원곡이 있습니다. 바흐는 바이마르 시대인 1713년부터 이듬해까지 비발디를 비롯한 이탈리아 작곡가들의 협주곡을 건반을 위한 곡으로 많이 편곡했습니다. 이 곡도 그 작품 중 하나로 오히려 원작보다 더 많은 사랑을 받고 있죠.

원곡은 바로 이탈리아 작곡가 알레산드로 마르첼로Alessandro Marcello의 오보에 협주곡 d단조입니다. 2악장에서 잔잔한 현악기의 반주 위에 겹쳐지는 오보에 소리를 듣고 있으면 바흐가 이 음악에 반할 만하다는 생각이 듭니다. 원곡을 작곡한 마르첼로는 평생 동안 한량처럼 지내면서 모든 곡을 예명으로 발표했다고 합니다. 그래서 이 곡의 원작자인 것도 잊혀져 버리죠.

그래서 이 곡은 한때 비발디 곡으로 오인되기도 했고 20세기엔 '작자 미상'으로 취급되기도 했어요. 그런데 20세기 후반에 마르첼로의 곡이라는 명확한 단서가 나옵니다. 1717년에 암스테르담에서 출판된 악보가 하나 발견되는데 악보 위에 알레산드로 마르첼로 이름이 명기되어 있던 것이죠. 비록 200여 년을 묻혀 있었지만 지금은 많은 오보이스트에 의해서 '마르첼로 오보에 협주곡'이라는 이름으로 연주되고 있으니 참 다행입니다.

올라프손이라는 피아니스트는 사람들의 기억에서 흐릿해진 음악 조각을 찾는 능력이 정말 탁월합니다. 그리고 자신만의 스타일로 그 음악에 숨을 불어넣어 엄청난 생명력을 부여하죠. 이미 알려진 선율이지만 그가 해석하는 이 아다지오는 분명 특별한 매력을 가지고 있습니다. 저도 5년 전 이 음반이 나온 이후 오랜만에 들어 보는데 정말 아름답네요.

음악 추천 | 조민석
글 | 박지혁

작곡가 | Anton Bruckner
곡명 | Symphony No.4, Finale
연주자 | Sergiu Celibidache, Münchner Philharmoniker

광활한 하늘로 올라가는 듯한 피날레

가슴 뛰는 경험을 할 수 있는 곡을 가져왔습니다. 브루크너의 교향곡 4번 마지막 피날레를 소개합니다. 브루크너는 이 곡을 50세에 썼으나 꾸준한 수정을 거쳐 무려 6년이라는 세월을 더해 완성했습니다. 그가 교회에서 오르가니스트로 오랫동안 일해서 그런지 특히 피날레 부분의 목관과 호른의 긴 음이 오르간의 웅장한 소리로 느껴집니다. 또한 곡에서 느껴지는 신비한 감정 때문에 이 곡은 '로맨틱' 교향곡으로도 불린다고 해요.

현악기와 금관 악기의 밝고 풍부한 소리가 4악장의 마지막을 장식하는 듯하지만, 점차 분위기가 차분히 가라앉으며 코다(종결 효과를 강조하기 위해 덧붙이는 부분)에 들어갑니다. 저는 이 코다 부분을 들으며 음악이 점점 하늘로 승천한다는 표현을 쓰고 싶었습니다. 감정이 고조된 음들이 클라이맥스를 향해 올라가는 모습이 승천하는 것과 꼭 닮았기 때문이죠.

1분 47초경 목금관의 긴 음들을 시작으로 현악기는 계속 긴장감이 있는 빠른 음을 연주합니다. 그리고 2분 34초경 나오는 호른의 밝고 긍정적인 화음은 어두운 구름 사이로 햇빛이 잠깐 비추는 것처럼 특별하게 느껴집니다. 그러나 다시 분위기는 어두워지고, 긴장감을 쌓으며 높은 음들을 향해 가다가 5분 16초경 드디어 클라이맥스에 도착하죠. 광활한 하늘에 올라선 듯 홀에 가득 찬 기쁨의 소리가 큰 만족감을 줍니다. 그렇게 벅차오른 감정은 약 30초간 이어지다 갑작스러운 종결로 여운을 많이 남기며 곡은 끝나게 됩니다.

큰 교향곡에 이렇게 독특한 코다를 넣은 작곡가는 흔치 않습니다. 이런 작곡 방식은 관객으로 하여금 질문을 던지도록 만듭니다. 이 음들은 도대체 언제까지 올라가는 걸까? 화성이 얼마나 많이 바뀌는 걸까? 끝은 어디일까? 그 끝에 다다랐을 때 오는 해방감을 함께 느껴 보면 좋겠습니다.

음악 추천 | 김소라
글 | 김소라

작곡가 | Franz Schubert
곡명 | String quartet no. 14 in d-minor D.810 'Death and the Maiden'
연주자 | Esmé Quartet

죽음과 소녀, '강인한' 슈베르트

영상 속에 흐르는 곡은 슈베르트의 〈죽음과 소녀〉입니다. 슈베르트는 시인 마티아스 클라우디우스의 시에 곡조를 붙여 가곡 〈죽음과 소녀〉를 먼저 완성했는데요. '죽음과 소녀'라는 주제는 클라우디우스의 시, 슈베르트의 음악, 그리고 에곤 실레의 그림 등 많은 예술 작품의 모티브가 되었습니다.

슈베르트의 현악 4중주곡도 그중 하나인데 이 곡은 총 4악장으로 이루어져 있으며, 1악장은 죽음에 대한 저항, 2악장은 죽음의 유혹, 3악장은 죽음의 승리, 4악장은 죽음의 광기 어린 춤이 주제입니다. 따라서 처음에는 박진감 넘치는 선율이 좋아서 들었다가 후에 조금씩 드러나는 오싹한 소재로 인해 멀리하는 사람들을 종종 보곤 합니다.

또한 이 곡을 듣다 보면 '죽음이 승리하는 것이 아니라, 소녀가 죽음을 무찌르는 이야기로 곡을 쓸 수는 없었을까?' 하는 생각을 하게 되는데요. 그래선지 저도 이 곡을 실연으로 들었을 때 처음엔 조금 불안했고, 곡 속의 '죽음'이 본격적으로 자신의 승리를 알리는 3악장, 4악장을 들으면서는 왠지 화가 나기도 했습니다.

하지만 생각해 보면 우리의 인생은 늘 밝지 않습니다. 당장 아침 뉴스만 틀어도 세상에는 어두운 일들이 많이 일어나고 있죠. 그런 어둠을 그나마 아름답게 표현할 수 있는 것이 예술이고, 받아들이기 힘든 어둠을 온전히 받아들일 수 있도록 도와주는 것이 바로 예술 아닐까요?

슈베르트는 이 곡을 1824년에 완성했는데요. 그는 열다섯 살에 어머니를 여의고, 열네 명의 형제들 중 아홉 명을 먼저 하늘로 떠나보냈습니다. 그래서 그런지 슈베르트가 작곡한 작품 중 50여 개에 달하는 곡이 '죽음'이라는 주제와 연관이 있습니다.

이런 점에서 보면 우리에게 '유약한' 이미지로 알려진 슈베르트는 아마 가장 '강인한' 작곡가가 아니었을까요? 표현하기 힘든 어둠을 만나고, 감당할 수 없는 슬픔이 느껴질 때 그것을 음악으로 받아들이고 또 흘려보내며 삶을 지탱한 듯한 슈베르트.

여러분의 마음속에 자리한 가장 깊은 두려움과 슬픔은 무엇인가요? 아마 그 어떤 무엇도 죽음에 대한 공포보다 강렬하지는 않을 것 같은데요. 오늘은 이 꺼림칙한 아니, 아름다운 곡과 함께 어둠을 온전히 받아들이고 또 그것을 완전히 흘려보낼 수 있기를 바랍니다.

음악 추천 | 조민석
글 | 김소라

작곡가 | Max Bruch
곡명 | Violin Concerto No.1 g-Moll
연주자 | María Dueñas, Manfred Honeck, NDR Elbphilharmonic
Orchestra

작곡가를 가린 작품의 명성

막스 브루흐Max Bruch는 독일의 낭만주의 작곡가
이자 지휘자로 3개의 바이올린 협주곡 등 200개 이상의 작
품을 남겼습니다. 소개하는 곡은 그가 1864년부터 1867년 사
이에 작곡한 바이올린 협주곡 1번으로 그의 곡 중 가장 널리
알려진 곡입니다.

그는 자신이 독일 낭만주의의 전통 위에 서 있다는 강력한
믿음을 가지고 있었고, 슈만과 브람스의 발자취를 따르고자
했습니다. 한편 멘델스존은 브루흐의 롤모델이었는데요. 브
루흐는 음악의 친화력이 멜로디의 아름다움에서 비롯된다
고 보았고 그의 바이올린 협주곡 1번은 이러한 특성이 매우
두드러져 있습니다.

그 아름다움 덕분일까요? 이 작품은 브루흐가 존더샤우젠

의 궁정 악단 지휘자에서 베를린 예술 아카데미 교수로 자리를 옮기는 결정적인 계기가 되었을 만큼 큰 성공을 거뒀는데요. 평생 동안 브루흐는 '바이올린 협주곡 1번'과 비슷한 작품을 써 달라는 요청에 시달려야 했습니다. 그 후 바이올린 협주곡 2번, 3번 등을 발표하지만 죽는 순간까지 협주곡 1번의 그늘에서 벗어나지 못했다고 하네요.

한편 영상 속 이 곡을 연주하는 바이올리니스트는 지금 가장 핫한 연주자 마리아 두에나스입니다. 그는 18세였던 2021년 당시, 세계 유수의 오케스트라와 지휘자와의 협연 투어로 한 해 일정이 가득 찼었고, 2022년에는 도이치 그라모폰과 데뷔 앨범을 발매하기도 했습니다.

코로나19가 전 세계를 휩쓸었던 2021년 3월에 무관중 라이브 방송으로 열렸던 공연인데요. 자세히 보면 오케스트라 단원 모두가 거리를 두고 앉아 서로의 소리를 듣기 매우 힘든 상황임에도 불구하고 브루흐의 곡을 아주 훌륭하게 연주해 냅니다.

브루흐의 음악은 매우 아름답고 따스하지만 조금 어두운 코드들이 곡 전체의 긴장감을 지탱해 주는데요. 그 사이에 숨어 있는 작은 빛을 너무나도 잘 표현하는 연주입니다. 영상 마지막에 흐르는 앵콜, 파가니니 카프리스 5번도 놓치지 말고 끝까지 감상해 주세요.

음악 추천 | 안일구
글 | 안일구

작곡가 | Pyotr Ilyich Tchaikovsky
곡명 | "October" from The Seasons
연주자 | Seong-Jin Cho

10월의 쓸쓸한 가을

10월이 되면 이 곡을 안 듣고 넘어가긴 힘들죠. 차이콥스키의 《사계》 중 10월 〈가을의 노래〉입니다. 차이콥스키는 1876년 한 해 동안 『누벨리스트』라는 러시아 잡지에 피아노 곡을 써 달라는 의뢰를 받습니다. 그 제안을 받아들인 차이콥스키는 12개의 피아노 곡을 썼고, 잡지에는 1875년 12월에서 1876년 11월까지 계절에 맞는 피아노 곡이 한 곡씩 수록되었습니다. 1월의 〈난롯가에서〉, 6월의 〈뱃노래〉와 함께 피아니스트들에게 가장 많은 사랑을 받는 곡이 10월의 〈가을의 노래〉입니다.

〈가을의 노래〉는 톨스토이가 1858년에 쓴 시의 한 구절을 인용했는데요. "가을, 우리의 불쌍한 정원은 우수수 무너지고 있습니다. 누렇게 변한 낙엽이 바람과 함께 날아다닙니다."

가을은 많은 모습을 가지고 있지만 이 곡에서는 모든 생명이 꺼져 가는 슬픔과 안타까움에 초점을 맞춘 것 같습니다. 음악을 듣다 보면 '러시아의 가을은 조금 더 춥고 쓸쓸할까?'라는 생각이 들 정도로 곡의 분위기가 처량합니다. 특히 마지막 부분에는 '모렌도(morendo, 사라지듯이)'라는 지시가 말해 주듯 남은 희망마저도 꺼지는 느낌이 듭니다.

지휘자 사이먼 래틀은 젊은 피아니스트 조성진에 대해 '위대한 건반의 시인'이라 칭하며 극찬했습니다. 모든 레퍼토리를 훌륭하게 소화하는 연주자지만 이런 곡을 연주할 때는 정말 시를 읊는 듯한 느낌을 강하게 줍니다. 짧은 소품곡이지만 곡 안에 숨어 있는 아름다움을 남김없이 꺼내고 있습니다. 10월을 듣고 좋았다면 차이콥스키의 《사계》 전체 연주도 한번 들어 보세요.

음악 추천 | 유정우
글 | 유정우

작곡가 | Richard Strauss
곡명 | Vier letzte Lieder (Four Last Songs)
연주자 | Jessye Norman, Kurt Masur, Gewandhausorchester Leipzig

체념? 초월? 혹은 죽음의 시

제2차 세계 대전이 끝난 후 나치 협력 전력 때문에 전범 재판에 회부된 슈트라우스는 결국 무죄 판결을 받고 1947년부터 활동을 재개할 수 있었지만 전쟁으로 인한 상실감은 노쇠한 슈트라우스를 지배했습니다. 그는 스위스에서 생활하던 1946년 말, 낭만주의 시인 아이헨도르프의 시 「석양에」를 읽고 자신 부부의 황혼과 닮았다는 느낌을 받아 가곡을 작곡하기로 결심합니다.

하지만 바로 작곡을 시작하지는 못했고 몽트뢰로 거처를 옮긴 뒤 1948년 5월 4일에 완성하게 되는데요. 슈트라우스로서는 1928년 이후 20년 만의 첫 가곡이었습니다. 한 편 〈석양에〉를 작곡하던 중 지인으로부터 헤르만 헤세의 시집을 선물 받은 슈트라우스는 그 중 3수의 시를 골라 1948년 9월

20일에 추가로 가곡을 작곡합니다. 원래는 헤세의 시 4수를 골라 〈석양에〉를 붙여 다섯 곡짜리로 만들려 했지만 결국 네 곡만 완성되었습니다. 작곡 순서로는 〈석양에〉가 가장 먼저, 〈9월〉이 가장 마지막입니다.

1949년 5월, 오랜 스위스 생활을 마치고 독일의 가르미슈-파르텐키르헨 산장으로 돌아온 슈트라우스는 9월 8일 자택에서 85세를 일기로 세상을 떠납니다. 그가 죽은 뒤, 친구이자 악보 출판업자였던 에른스트 로트가 마지막 가곡 네 곡을 정리하여 〈봄〉, 〈9월〉, 〈잠자리에 들 때〉, 〈석양에〉로 순서를 정하고 《4개의 마지막 노래》라고 제목을 붙입니다. 초연은 1950년 5월 22일, 소프라노 키르스텐 플라그스타드의 독창과 빌헬름 푸르트벵글러가 지휘하는 필하모니아 오케스트라에 의해 런던에서 이루어졌습니다.

슈트라우스는 1893년 첫 오페라 《군트람》의 주연 가수였던 소프라노 파울리네 데 아나와 사랑에 빠져 이듬해인 1894년 9월 10일에 결혼을 하게 됩니다. 〈석양에〉의 시 내용은 "우리는 슬픔도 기쁨도 손을 꼭 잡고 함께 지내며 걸어왔다."로 시작합니다. 이는 1894년, 결혼 당시 아내 파울리네에게 결혼 선물로 헌정한 가곡 〈내일!〉에서 "우리 두 사람 하나가 되어 푸른 바닷가로 함께 걸어 내려가면 행복의 고요한 침묵이 내리리."에 대한 50여 년 뒤의 화답과도 같다고 볼 수 있습니다.

〈석양에〉의 마지막 구절은 "종달새를 울게 내버려 두라. 이제는 잠들 시간. 오, 넓고 조용한 평화. 석양에 우리들은 지쳐 있네. 이것이 어쩌면 죽음일까?"입니다. 슈트라우스는 원시의 마지막 구절 '그것은'을 '이것은'으로 바꾸었는데 마치 자신의 죽음을 준비하는 듯합니다. 슈트라우스 사후 9개월 뒤인 1950년 5월 13일, 부인 파울리네 여사도 세상을 떠났습니다.

초연 이후에도 최고의 가수들이 《4개의 마지막 노래》를 연주와 녹음으로 남기고 있습니다. 제가 가장 좋아하는 것은 1982년 제시 노먼이 쿠르트 마주어와 라이프치히 게반트하우스 오케스트라와 함께한 녹음입니다. 부드럽고 깊은 목소리로 슈트라우스의 음악을 탁월하게 표현하고 있죠. 제시 노먼의 녹음은 2014년에 개봉한 영국 코미디 영화 〈트립 투 이탈리아〉에 삽입되어 영화적으로 중요한 역할을 하기도 했습니다.

음악 추천 | 유정우
글 | 유정우

작곡가 | Richard Strauss
곡명 | Metamorphosen
연주자 | Esa-Pekka Salonen, NDR Elbphilharmonie Orchester

사랑했던 독일의 도시들에 대한 진혼곡

제2차 세계 대전 말기인 1943년 10월, 연합군의 폭격으로 슈트라우스의 고향인 뮌헨이 파괴되었습니다. 국립 오페라 극장도 예외는 아니었어요. 이듬해인 1944년, 슈트라우스는 〈뮌헨을 위한 애도(Trauer um München)〉를 스케치합니다. 이어 1945년 2월 14일, 영국 공군의 드레스덴 폭격으로 슈트라우스의 오페라 15편 중 9편을 초연한 드레스덴 젬퍼오퍼도 파괴되기에 이릅니다. 슈트라우스는 1945년 3월 2일에 지인에게 쓴 편지에서 "내가 가장 사랑한 뮌헨, 바이마르, 드레스덴은 모두 사라졌다."며 탄식했습니다. 그러나 이 편지를 쓴 지 얼마 지나지 않아 빈 국립 오페라 극장마저 사라지고 말죠.

1945년 3월 13일, 슈트라우스는 이전의 스케치를 발전시켜 새로운 작품에 착수하고 그해 4월 12일, 자신의 산장이 있는 가르미슈-파르텐키르헨에서 이 곡을 완성합니다. 그는 괴테의 시를 인용해 〈변용(Metamorphosen)〉이라 제목을 정하고 '23명의 독주 현악기를 위한 연습곡(Studie für 23 Solostreicher)'이라는 부제를 붙입니다. 1945년 5월 7일, 결국 독일은 무조건 항복을 하게 됩니다. 1946년 1월 25일, 스위스 취리히에서 초연된 〈변용〉에는 아래와 같이 5개의 주제가 등장합니다.

- 제1 주제: A단조로 무겁게 시작, 첼로
- 제2 주제: 베토벤 교향곡 3번 〈영웅〉 2악장 장송 행진곡 하강 선율서 인용, 비올라(1:58)
- 제3 주제: 바그너 《트리스탄과 이졸데》 2막 마르케 왕 독백에서 인용(2:40)
- 제4 주제: 축복의 조성 G장조로 밝게 전환(8:07)
- 제5 주제: 바그너 《트리스탄과 이졸데》 1막 전주곡에서 인용(9:15, 10:24)

슈트라우스는 악보 마지막 부분에 '추모(In Memoriam)'라고 써 두었습니다. 이 부분에서는 베토벤 교향곡 〈영웅〉의 2악장 장송 행진곡 주제가 첼로와 더블베이스에 의해 등장하며 마무리됩니다. 결국 〈변용〉은 슈트라우스가 가장 사랑했던 영웅적 독일 문명 도시들에 대한 진혼곡이라 할 수 있습니다.

제가 선택한 영상은 에사페카 살로넨과 NDR 엘프필하모니 오케스트라의 연주입니다. 전쟁으로 무너진 도시와 그걸 바라보는 슈트라우스의 참담한 마음을 잘 담아냈습니다.

음악 추천 | 조민석
글 | 안일구

곡명 | Concertgebouw Orchestra Concertmaster-Trio
연주자 | Vesko Eschkenazy, Liviu Prunaru and Tjeerd Top

오케스트라 악장 3명의 하모니

세계 최고의 오케스트라 중 하나로 꼽히는 암스테르담의 콘세르트허바우 오케스트라의 악장은 어떤 실력을 가졌을까요? 영상을 통해 3명의 악장이 얼마나 훌륭한 바이올리니스트인지 느껴 볼 수 있습니다.

이들을 위해 특별히 편곡된 듯한 이 곡에서는 오케스트라의 리더 세 명이 쉴 새 없이 음악을 주고받는데요. 모두 어디선가 들어 본 멜로디입니다. 《카르멘》의 〈투우사의 노래〉, 차이콥스키의 바이올린 협주곡, 슈베르트의 〈송어〉, 하차투리안Aram Khachaturian의 바이올린 협주곡 등이 등장하는데요. 이 모든 유명한 곡들이 하나씩 등장하는 게 아니라 겹쳐서 하모니를 이룹니다. 한 곡당 10초를 넘기지 않고 끊임없이 이어지다 결국 유머러스하게 끝나 버립니다.

콘세르트허바우 오케스트라의 악장이니 예상은 했지만 역시나 세 연주자의 솜씨가 아주 일품입니다. 재치 있는 편곡으로 한 명 한 명의 음색을 자세히 들어 볼 수 있는데, 다채로우면서도 깊은 바이올린 소리를 가지고 있습니다. 세 악장의 연주와 얼굴을 잘 기억해 두었다가 오케스트라 영상이나 연주를 감상하면 또 다른 재미가 생길 것 같습니다.

음악 추천 | 데얀 가브리츠
글 | 박지혁

작곡가 | Guillaume Connesson
곡명 | Techno Parade
연주자 | Mathieu Dufour, Paul Meyer, Eric Le Sage

클래식 악기로 테크노 음악을?

플루트 속주를 생각하면 림스키코르사코프Nikolai Rimsky-Korsakov의 〈왕벌의 비행〉이 떠오르죠. 하지만 오늘 〈왕벌의 비행〉을 능가하는 속주 곡, 기욤 코네송Guillaume Connesson의 〈테크노 퍼레이드〉를 소개합니다.

프랑스 작곡가인 기욤 코네송은 1970년생으로 오케스트라, 성악, 실내악, 콰이어, 솔로 악기, 그리고 영화 음악 등 방대한 장르를 작곡했는데요. 그중 이름부터 클래식과는 거리가 멀어 보이는 〈테크노 퍼레이드〉는 2002년에 플루트, 클라리넷, 그리고 피아노를 위해 작곡되었습니다.

하나의 악장으로 시작부터 끝까지 긴박한 박자의 움직임을 담았고, 축제와 같으면서도 불협화음의 불편한 특징을 이용하여 코네송은 테크노 음악의 날것과 같은 에너지를 표현했습니다. 그리고 각 악기의 특색을 살려 더욱 과격한 현대 기법을 사용했는데요.

예를 들면 3분 5초경 갑작스럽게 다른 음색이 들리는데, 그 이유는 바로 피아노 내부에 종이를 끼워 넣어 기계음과 같은 음색을 표현했고, 색다른 피아노 음색을 배경으로 플루트의 거친 하모닉스 텅잉을 사용했기 때문입니다.

전체적으로 스트라빈스키의 예측 불가한 리듬이 느껴집니다. 그 이유는 코네송이 스트라빈스키, 메시앙Olivier Messiaen, 스티브 라이히Steve Reich와 존 애덤스의 음악에서 큰 영향을 받았기 때문이라고 하네요. 유럽에서 가장 유명한 프랑스 연주자 마티어 듀푸르, 폴 마이어, 그리고 에릭 르 사쥬의 트리오 연주로 만나 볼 수 있습니다. 조금 오래된 영상이라 옛 느낌이 나지만 오히려 테크노 분위기가 물씬 풍깁니다.

음악 추천 | 조민석
글 | 안일구

작곡가 | Wolfgang Amadeus Mozart
곡명 | Sinfonia Concertante in E-flat major, K. 364
연주자 | Alexander Sitkovetksy, Timothy Ridout, Manchester Camerata

청년 모차르트의 걸작, 〈신포니아 콘체르탄테〉

모차르트의 매력이 듬뿍 담긴 아름다운 〈신포니아 콘체르탄테〉를 소개합니다. '신포니아 콘체르탄테'는 협주 교향곡이라 부르기도 하는데요. 고전 시대에 자주 쓰인 형식으로 바로크 시대의 '콘체르토 그로소'와 맥을 같이 합니다. 이 음악 형식에서는 협연자와 오케스트라가 조금 더 긴밀하게 수시로 대화를 주고받는 느낌이 납니다. 재능이 충만한 청년 모차르트의 〈신포니아 콘체르탄테〉를 들어 보세요.

이 곡은 협연자가 두 명인데요. 바이올린과 비올라입니다. 1779년 작곡된 작품으로 모차르트의 두 번째 신포니아 콘체르탄테입니다. 당시 모차르트는 프랑스 파리와 독일의 만하임을 여행했는데요. 파리와 만하임 악파의 음악적 양식과

특징이 곡 안에 가득 담겨 있습니다. 이때 바이올린과 피아노를 위한 신포니아 콘체르탄테, 바이올린, 비올라, 첼로를 위한 신포니아 콘체르탄테의 작곡에 착수한 것으로 보이지만 완성에 이르지 못한 것 같습니다. 그래서 이 곡이 더 소중한데요. 듣고 있으면 너무 아름다워서 '다른 미완성 곡들도 나왔으면 얼마나 좋았을까' 하고 자연스레 생각하게 됩니다.

당시의 협주곡은 사교적 목적으로 만들어져 음악적으로 가벼운 경우가 많았는데 이 협주 교향곡에서 그런 느낌은 전혀 나타나지 않아요. 오히려 시종일관 진지하고 도전적이죠. 보강된 악기 구성에서 나오는 음향적 풍부함과 청년 모차르트의 감수성이 그대로 드러납니다. 1악장에서는 만하임 악파의 특징이 보입니다. 2악장의 아름다움은 어떤 피아노 콘체르토와 비견해도 될 만큼 대단합니다. 3악장은 바이올린과 비올라의 대화, 그리고 협연자와 오케스트라의 대화가 어느 악장보다 재밌게 흘러갑니다.

바이올리니스트 알렉산더 시트코베츠키는 직접 지휘를 하면서 세련된 바이올린 연주를 들려주고 있네요. 비올리스트 티모시 리두는 바이올린 못지 않게 민첩하면서도 비올라의 풍부한 음색을 충분히 끌어냅니다. 맨체스터 카메라타 또한 변화무쌍한 반주를 이끌어 내야 하는 이 곡에서 실력을 유감없이 드러내고 있습니다. 보통 리허설 때는 협연자가 오

케스트라를 향해 서서 연주하곤 하는데 딱 그런 대형으로
연주하고 있어서 그런지 긴밀히 대화하는 형식이라는 이 곡
의 매력이 더 잘 살아나는 것 같습니다.

음악 추천 | 조민석
글 | 김소라

작곡가 | Ludwig van Beethoven
곡명 | Piano Concerto No. 5 - II Adagio
연주자 | Leonard Bernstein, Krystian Zimerman, Wiener Philharmoniker

'황제'가 연주하는 '황제'

"크리스티안 지메르만이라고 하면 음악계에서 아주 피아노로는 왕인데…" 이는 도이치 그라모폰에서 지메르만과 함께 음반을 낸 적이 있는, 우리나라 출신의 전설적인 바이올리니스트 정경화가 지메르만을 칭하며 건넨 말입니다.

크리스티안 지메르만. 피아노를, 아니 클래식을 좋아하는 사람이라면 누구나 한번쯤은 들어 본 연주자일 것입니다. 그는 폴란드 태생의 피아니스트로 여섯 살 때부터 피아노를 시작했는데요. 1975년 제9회 쇼팽 콩쿠르에서 우승하며 할리나 체르니스테판스카, 아담 하라시에비치에 이어 세 번째로 쇼팽의 고향인 폴란드 출신 우승자라는 영광을 얻기도 했습니다.

당시 그는 최연소 참가 기록에 해당하는 18세였음에도 불구하고 마주르카 상, 폴로네이즈 상 등 동 콩쿠르의 주요 상을 싹쓸이했다고 하네요. 이후 그는 쇼팽 스페셜리스트로 인기를 얻어, 프라하의 봄, 에든버러, 잘츠부르크 등 각 음악제를 비롯해 베를린 필하모닉, 런던 교향악단 등 일류 오케스트라와도 공연하는 등 현존하는 세계 최정상의 피아니스트 중 한 명으로 꼽힙니다.

영상 속에서는 그런 피아노의 '황제' 지메르만이 번스타인, 빈 필하모닉과 함께 베토벤의 〈황제〉를 연주하고 있는데요. 언뜻 보면 낭만의 쇼팽과 고전의 베토벤은 서로 대척점에 서 있는 것 같지만 지메르만의 손끝에서 흘러나오는 베토벤은 쇼팽 못지않게 우아하고 아름답습니다.

영상을 추천한 조민석 큐레이터는 '베토벤의 음악에는 일생을 살면서 느끼는 고뇌, 행복, 사랑, 슬픔에서 자유로워지고 싶어 하는 우리의 마음이 담겨 있다'고 덧붙이며 그 마음의 표현이 가슴에 직접적으로 와닿는 선율로 베토벤 피아노 협주곡 5번의 2악장을 뽑았는데요.

여러분은 베토벤의 매력을 무엇으로 뽑고 싶나요? 감히 클래식의 '황제'라고 칭할 수 있는 베토벤, 그리고 그가 작곡한 피아노 협주곡 5번 〈황제〉를 피아노의 '황제'인 지메르만의 연주로 들어 보세요.

음악 추천 | 데얀 가브리츠
글 | 안일구

작곡가 | Florido Ubaldi
곡명 | Concerto/Sonata for salterio
연주자 | Franziska Fleischanderl

살테리오를 아시나요?

'Per il Salterio' 언젠가 곡 제목에 이렇게 써 있는 것을 보고 도대체 '무슨 말이지?' 했던 기억이 있습니다. 알고 보니 이 곡이 '살테리오를 위해' 작곡되었다는 이탈리아어였습니다. 살테리오(Salterio)라는 악기가 있습니다. 지금은 보기 드문 악기지만 18세기에는 매우 인기가 많았습니다. 독주 악기로 활용이 가능한데 성능이 좋은 바이올린보다 값이 저렴해서 여러 연주자가 이 악기를 연주했다고 합니다. 소리를 들어 보면 하프시코드와 비슷하다고 생각할 수 있는데, 실제로 살테리오에서 기술적으로 발전하며 탄생한 악기가 하프시코드입니다.

비발디는 이 악기를 상당히 좋아했던 것 같습니다. 그는 피에타 수녀원 오스페달레 델라 피에타의 교사로 부임한 후 학생들을 위해 살테리오 악기 두 대를 구입했다고 합니다. 또한 비발디는 오페라 《Il Giustino》의 2막에 등장하는 아리아 〈Ho nel petto〉에서 이 악기를 적극 사용했습니다. 들어 보면 의외로 성악가에 밀리지 않는 존재감을 뽐내고 있습니다. 게다가 이게 무슨 악기 소리지? 하면서 귀를 기울이게 되는 효과도 있습니다. 또한 하프시코드보다 음악적으로 나은 점도 있는데 이 악기는 악상 조절이 가능합니다. 약하게 또는 강하게 쳤을 때 그 울림의 폭이 생각보다 상당합니다. 덜시머(Duclcimer)라고도 불리는 이 악기가 정확히 언제부터 연주되었는지는 알 수 없지만 유럽 전역은 물론 전 세계로 퍼져 나간 악기임은 분명합니다. 단지 모두 다른 이름으로 불릴 뿐이죠. 중동, 중국, 멕시코 그리고 심지어 한국에도 '양금'이라는 악기가 있습니다.

설명이 길었는데 영상은 아주 심플합니다. 예쁘게 생긴 살테리오를 연주자가 웃으며 연주하고 있습니다. 작곡가 피올리도 우발디Florido Ubaldi가 살테리오를 위해 작곡한 이 곡은 듣자마자 기분이 좋아지고 생동감이 넘칩니다. 18세기에는 인기쟁이였던 악기 살테리오의 영롱한 소리와 함께 힘찬 하루 보내세요.

음악 추천 | 데얀 가브리츠
글 | 박지혁

작곡가 | Johannes Brahms
곡명 | Intermezzo Op. 117, No.1
연주자 | Lars Vogt

브람스와 포그트의 마지막을 이어 주는 곡

평소 잔잔하고 마음이 평온해지는 피아노 음악을 즐겨 듣습니다. 특히 브람스의 간주곡을 자주 듣는데요. 지난 16일에는 브람스의 〈6개의 피아노 소품〉 중 두 번째 인테르메조를 클라리넷과 피아노의 구성으로 편곡한 영상을 소개했습니다. 이번엔 편곡 없이 피아노를 위해 작곡된 브람스의 간주곡을 소개합니다.

귀중하고 희귀한 20개의 간주곡은 브람스의 말년에 작곡되었는데, 내성적이고 향수를 불러일으키는 요소들이 많이 담겨 있습니다. Op. 117의 1번 간주곡에는 독일 낭만파 시인 헤르더의 시 「안 보스웰 부인의 탄식의 노래」의 첫 2행이 인용되어 있습니다. "부드럽게 잠들어라 우리 아기, 부드럽고 예쁘게 잠들어라. 나는 너가 울면 마음이 아프단다."라는 내용인데요. 그래서인지 첫 소절부터 부드럽고 따듯한 멜로디가 연주되며 마음을 편안하게 만들어 줍니다.

가까웠던 친구들과 후원자들의 죽음으로 이별의 아픔과 쓸쓸함을 경험하던 말년의 브람스가 독백처럼 작곡해서 그런지 그의 웅장한 작품들에 비해서 느리고 단순하며 깊은 감정이 그대로 담겨 있습니다.

오늘 연주하는 지휘자 겸 피아니스트 라르스 포그트는 2021년에 암 판정을 받고 2022년에 세상을 떠났습니다. 그의 마지막 기록이라고 할 수 있는 영상이 브람스 연주입니다. 포그트가 이 곡을 연주하며 브람스의 말년과 같은 심정이었을지, 이제 음악을 할 수 없다는 두려움을 느꼈을지, 알 수는 없지만 그가 연주하는 깊고 아름다운 음악은 잊히지 않습니다.

음악 추천 | 조민석
글 | 안일구

작곡가 | Richard Wagner
곡명 | Die Meistersinger von Nürnberg Vorspiel
연주자 | Christian Thielemann, Das Festspielorchester Bayreuth

바그너의 음악을 사랑하는 사람들

바그너의 곡을 수백 번 넘게 연주한 사람들이 있습니다. 바로 바이로이트 페스티벌 오케스트라입니다. 이들은 멤버 구성이 매년 조금씩 바뀌긴 하지만 대체로 해마다 바이로이트를 찾아 바그너의 음악을 연주합니다. 다른 레퍼토리에서도 물론 뛰어나지만 이들은 모두 바그너의 음악을 좋아하고 이해하고 있는 사람들입니다. 이들에게서 뿜어져 나오는 사운드는 특별합니다.

루체른 페스티벌 오케스트라 단원들이 대부분 최고의 콘서트 오케스트라 단원이라면, 바이로이트에는 유럽 전역 최고의 오페라 극장에 소속된 단원들이 모입니다. 면면을 살펴보면 첼로 첫 번째 줄에 빈 필하모닉의 첼로 수석 타마스 바르가, 게반트하우스 첼로 수석 베로니카 빌헬름이 앉아 있고, 세컨 플루트에 게반트하우스 피콜로 수석 구드룬 힌체, 바이올린에 바이에른 슈타츠오퍼의 임마누엘 드리스너 등 어마어마한 사람들이 모여 있습니다.

흘러나오는 곡은 바그너의 《뉘른베르크의 명가수》의 전주곡입니다. 여러 지휘자들이 이 곡에 대해 해석을 달리하지만 현재 바그너 음악을 가장 잘 다루고 있는 크리스티안 틸레만의 해석을 추천합니다. 바그너 곡만이 가지고 있는 음향의 레이어와 두께감을 굉장히 잘 살려 내고 있습니다. 평소의 틸레만처럼 단원 전체를 강하게 휘어잡는 느낌보다는 곡을 잘 알고 있는 단원들을 믿고 편하게 리드하는 모습이 인상적입니다.

《뉘른베르크의 명가수》는 《트리스탄과 이졸데》가 그렇듯 바그너가 《니벨룽의 반지》를 쓰는 동안 잠시 짬을 내서 쓴 작품인데요. 바그너는 당시 함께 일하는 출판업자에게 대중적이고 가벼운 곡을 쓰고 있다고 말했다고 합니다. 그런데 정작 완성되고 보니 6시간이 걸리는 엄청난 규모였습니다. 이 전주곡만 봐도 엄청난 규모의 사운드를 쏟아 내고 있죠. 오페라의 내용을 한 줄로 쓰자면, 기사인 발터 폰 슈톨징이 노래 경연 대회에서 우승하고 사랑하는 사람인 에바의 사랑도 얻는다는 줄거리인데요. 전주곡을 들으면서 어떤 느낌을 가진 오페라이고 어떤 이야기가 펼쳐질지 상상해 보는 것도 좋을 것 같습니다.

음악 추천 | 유정우
글 | 안일구

작곡가 | Antonín Dvořák
곡명 | Serenade E-Dur op. 22 für Streichorchester
연주자 | Tonhalle-Orchester Zürich, Paavo Järvi

드보르자크가 가장 행복했던 시절

1875년은 드보르자크에게 매우 풍요로운 한 해였습니다. 1874년 드보르자크는 아이가 생긴 것을 알고 걱정으로 가득했습니다. 예술가로 가난한 생활을 해 왔기 때문이죠. 그러던 중 드보르자크는 젊고 재능 있는 예술가를 위한 오스트리아 정부의 지원금을 위해 작품 15편을 출품했고 당당히 선정되었습니다. 당시 심사 위원으로는 작곡가 브람스와 음악 평론가 한슬리크 같은 빈 음악계의 거물들이 있었기 때문에 경제적 지원뿐 아니라 음악적으로도 인정을 받은 것이죠.

이런 기분을 반영하듯 드보르자크는 교향곡, 현악 4중주, 오페라 등 수많은 작품을 쏟아 냈는데요. 그중 가장 인기가 많고 아름다운 곡이 〈현을 위한 세레나데〉입니다. 저는 오직

현악기만으로 이루어진 드보르자크의 작품을 좋아하는데
요. 그의 현악 4중주 작품들 또한 아주 훌륭하고요. 작품 전
체가 드보르자크 특유의 아름답고 매혹적은 선율로 가득합
니다.

모두에게 익숙하고 가장 많은 사랑을 받는 2악장 왈츠도 물
론 좋지만 1악장과 4악장을 꼭 들어 봤으면 합니다. 1악장을
들어 보면 현악기 그룹이 모이고 다시 헤어질 때마다 기분
좋은 악상이 만들어지고 그들이 이루는 다채로운 화성 위에
섬세한 선율들이 날아다니는 느낌입니다. 4악장은 마치 드
보르자크의 감사 기도를 듣는 듯합니다. 인생의 한 줄기 빛
에 감사해하는 마음이 고스란히 느껴져요.

한국에서도 멋진 연주를 들려준 조합이죠. 지휘자 파보 예
르비와 취리히 톤할레 오케스트라의 연주입니다.

음악 추천 | 안일구
글 | 안일구

작곡가 | Robert Schumann
곡명 | Fantasiestücke, Op. 12
연주자 | Seong-Jin Cho

슈만의 실체와 그림자 사이

'나는 언제나 실체와 그림자 사이에 끼여 있다.'
슈만이 일기장에 토로한 내용입니다. 슈만은 두 자아를 표현하기 위해 가상의 두 인물을 설정합니다. 하나는 자유롭고 열정적인 '플로레스탄'이고, 다른 하나는 내성적이고 부드러운 '오이제비우스'입니다. 슈만은 두 인물을 실제 필명으로 쓰기도 했고, 악보에 서명으로 남기기도 했습니다.

음악뿐 아니라 문학적 소양이 아주 뛰어났던 슈만은 자신의 작품에서 둘의 만남을 성공적으로 이루어 냈습니다. 슈만은 E. T. A. 호프만의 작품을 즐겨 읽었는데 그의 작품『칼로 풍의 환상곡』에서 〈환상곡〉이라는 제목을 가져왔습니다.

작품을 들어 보면 두 자아는 끊임없이 대비되기도 하고 하나로 합쳐지기도 합니다. 시적인 표제가 붙은 8개의 환상곡들은 각기 독립적으로 존재할 수 있지만 하나로 연결되어 있기도 합니다. 수많은 감정들이 슈만의 상상 안에서 어우러지면서 듣는 사람에게 고스란히 전해집니다.

조성진 피아니스트의 영상 중에 가장 좋아하는 영상인데요. 이 영상을 본 이후로 언젠가 꼭 슈만 곡을 모은 앨범을 내주었으면 하고 기다리게 되었습니다. 슈만의 곡은 보통 정답이 없고, 게다가 '환상곡'이기 때문에 연주자의 해석에 따라 작품은 변화무쌍한 모습을 띠는데요. 곡 안에 푹 빠져 있는 듯한 조성진 피아니스트의 연주와 해석은 정말 탁월합니다. 이 작품은 전체가 8개의 짧은 곡으로 이루어져 있는데요. 조성진은 각 곡이 가진 성격을 매우 섬세하게 표현하고 있습니다. 또한 곡과 곡 사이의 공백에서도 음악의 밀도가 이어지며 전체 8곡에 통일성을 부여하는 점도 눈에 띕니다.

음악 추천 | 데얀 가브리츠
글 | 안일구

작곡가 | György Ligeti
곡명 | Lux Aeterna
연주자 | SWR Vokalensemble, Yuval Weinberg

영원한 빛, 리게티의 걸작

⟨Lux Aeterna⟩는 라틴어로 '영원한 빛'을 말합니다. 리게티György Ligeti가 생각한 이 작품의 아이디어는 이렇습니다.

우리는 어떤 공간에 있고 그 공간에는 어둠과 정적만이 가득합니다. 큰 창문을 천천히 열면 풍경과 바람 소리 그리고 빛이 들어옵니다. 바깥 세상은 언제나 끊임없이 흘러갑니다. 창문을 열어 놓는 동안에는 이 사실을 고스란히 느낄 수 있습니다. 들려오는 소리와 빛은 이미 어딘가에 존재하던 것입니다. 만약 음악과 빛이 보인다면 단지 창문을 열었을 뿐인 거죠.

리게티는 위의 아이디어를 음악으로 풀어내는 시도를 하고 있습니다. 8명의 여자 성악가가 각기 다른 시점에 동일한 선율을 꺼내 놓으며 곡이 시작됩니다. 바로 '캐논'입니다. 그런데 모두가 다르게 시작하는 데다 음이 길고 템포가 느려서 조성도 리듬도 느낄 수 없습니다. 그래도 화음은 거의 항상 발생합니다. 단지 그 화성이 무엇인지 그리고 언제 바뀔지는 예측하기 매우 힘듭니다. 그렇게 두 가지 이상의 성부가 끊이지 않고 지속됩니다. 즉, 영원한 거죠.

리게티가 직접 만들어 낸 캐논 기법은 이 곡에서 아주 잘 드러납니다. 〈Lux Aetera〉에서는 4개의 캐논과 중간에 두 번 'Domine'라 불리는 머무르는 듯한 부분이 나옵니다. 'Domine'는 각기 다른 캐논을 이어 주는 역할을 합니다. 곡의 맨 마지막에는 '솔'과 '파'만이 울리면서 음이 사라집니다. 이 작품의 세계관에서 말하자면 창문을 천천히 닫는 거죠. 그리고 나면 악보엔 무려 30초간의 정적이 쓰여 있습니다.

음악 추천 | 조민석
글 | 김소라

작곡가 | Edward Elgar
곡명 | Nimrod from "Enigma Variation"
연주자 | Academy of St.Martin in the Fields, Neville Marriner

영국의 '아리랑'을 만나는 시간

오늘의 곡은 얼마 전부터 유수의 오케스트라에 의해 앵콜로 자주 연주되며 '또로드'라는 별명을 얻은 곡, 바로 〈님로드〉입니다.

이 곡은 엘가Edward Elgar의 《수수께끼 변주곡》을 구성하는 14개의 변주곡 가운데 아홉 번째 곡으로 마지막 변주와 더불어 가장 길고 유명한 악장입니다. 전곡 가운데 클라이맥스에 해당하며 단독으로 연주되기도 하는데요. 제목 〈님로드〉는 구약 성서에 나오는 인물 '니므롯'의 영어식 발음으로 서양에서 그는 사냥꾼의 대명사로 통합니다.

일찍이 쇼팽은 영국을 '모든 유럽 국가 가운데 가장 비음악적'이라고 평했는데요. 그 오랜 침체를 깨고 등장한 엘가는 이 곡을 통해 전 유럽에 영국을 대표하는 작곡가로 자리매

김했습니다.

조민석 첼리스트는 이 곡을 '마음을 하나로 모으는 음악'이라고 이야기했는데요. 그는 얼마 전 베를린의 한 부서진 교회에서 '한반도 통일 기원 연주회'에 참여하며 독일에서 공부 중인 한국 학생들과 멘델스존 바이올린 협주곡, 베토벤 교향곡 7번에 이어 마지막에 아리랑을 다 함께 연주했다고 합니다. 그때 60여 명의 마음이 한데 '모이며' 감동과 가슴 아린 감정을 느꼈다고 해요.

세계 대전을 겪은 영국인들은 우리의 〈아리랑〉처럼 〈님로드〉를 통해 마음을 하나로 모은다고 합니다. 우리에게도 조금은 익숙해진 이 곡을 여러분은 어떻게 정의하나요? 세계에서 가장 유명한 실내 악단 중 하나인 세인트 마틴 인 더 필즈 아카데미와 그 창립자인 네빌 매리너의 연주로 아름다운 곡을 만나 보세요.

음악 추천 | 안일구
글 | 안일구

작곡가 | Gustav Holst
곡명 | The Planets
연주자 | Edward Gardner, National Youth Orchestra

우주 전체를 다루는 클래식 음악

2016년 프롬스 영상을 소개합니다. 현재 런던 필하모닉 오케스트라를 이끌고 있는 지휘자 에드워드 가드너는 이 곡이 가진 매력을 완벽하게 파악하고 있는 것 같습니다. 그의 뛰어난 컨트롤 아래 어린 연주자들로 이루어진 영국 국립 청소년 오케스트라가 보여 주는 에너지 또한 대단합니다.

〈화성, 전쟁을 가져오는 자〉, 〈금성, 평화를 가져오는 자〉, 〈수성, 날개 달린 파발꾼〉, 〈목성, 즐거움을 가져오는 자〉, 〈토성, 황혼기를 가져오는 자〉, 〈천왕성, 마술사〉, 〈해왕성, 신비로운 자〉. 우주 행성과 그리스 신화가 합쳐진 제목만 보아도 가슴이 벅찹니다.

곡의 규모도 물론 크지만 이렇게 거대한 상상력을 이끌어

내는 곡은 참 드물죠. 구스타브 홀스트Gustav Holst는 본 윌리엄스Vaughan Williams와 함께 영국 음악의 계보를 잇는 작곡가입니다. 그는 당시 활동하던 유럽 대표 작곡가들의 음악 스타일을 모두 흡수했고, 그에 더해 영국의 민요도 적극 활용해서 자신만의 스타일을 구축했습니다.

1913년 홀스트는 영국의 점성술사 알란 레오가 쓴 책을 읽고 큰 감명을 받아 책에 나온 태양계 행성들과 같은 이름을 가진 신들에 대한 성격을 음악으로 만들기로 합니다. 1914년 봄부터 작곡에 착수해 1916년에 완성했는데, 당시 명왕성은 발견되지 않은 상태라 빠졌고 천문학 관점이 아니라 점성학 관점으로 바라보았기 때문에 지구도 제외되었습니다.

홀스트는 처음에 피아노 두 대를 위한 곡으로 쓰려 했지만 쇤베르크의 〈5개의 관현악곡 Op. 16〉을 듣고 감명해 대규모 관현악곡으로 만들게 됩니다. 1918년에 비공개 초연이 이루어졌고, 1920년 앨버트 코츠의 지휘와 런던 교향악단을 통해 공식적인 초연이 이루어집니다. 초연으로 대성공을 거둔 《행성》은 영국 음악계에서 나온 최고의 걸작이며 공연장에서 라이브로 들었을 때 엄청난 감동이 있는 작품입니다.

음악 추천 | 조민석
글 | 안일구

작곡가 | Richard Wagner
곡명 | Siegfried Idyll
연주자 | Musicians from the Oslo Philharmonic

아내의 생일 선물로 준 바그너의 음악

"어디선가 들려오는 꿈결 같은 음악 소리에 눈을 떴다. 한동안 무아지경에 젖어 들게 했던 음악 소리가 잦아들면서 다섯 명의 화동을 앞세운 리하르트가 침실로 들어와 악보를 선물했고 나는 감동하여 눈물을 흘렸다."

1870년 크리스마스, 바그너는 서른 번째 생일을 맞은 아내 코지마를 위해 음악을 작곡했습니다. 게다가 지휘자와 15명의 연주자까지 집으로 불러서 아침 7시 30분에 1층과 2층을 잇는 계단 근처에 늘어앉아 연주하도록 했습니다. 바그너의 저택에서 초연이 이루어진 것이죠. 아내 코지마는 〈생일 인사 교향곡〉이라 이름 붙여진 악보를 받아 들고 감동의 눈물을 흘렸습니다. 이 곡은 오늘날 〈지그프리트 목가(Siegfried Idyll)〉라 불리고 있습니다.

바그너가 작곡한 반지 시리즈 중 세 번째에 해당하는 것이 '지그프리트'인 것은 모두 알 만한 사실이지만, 코지마와 바그너 사이에서 태어난 아들의 이름 또한 '지그프리트'라는 것을 아시나요? 유부남 처지의 바그너와 지휘자 한스 폰 뷜로의 아내였던 코지마는 사실상 불륜 관계였고 이들은 합법적인 부부로 인정받지 못했습니다. 이런 상황 속에서 아들은 이들에게 너무 큰 기쁨과 축복으로 다가왔습니다. 이후 오랜 시간 작곡이 중단되었던 〈지그프리트〉의 작곡이 재개됐고, 바그너와 코지마는 우여곡절 끝에 루체른의 교회에서 정식으로 결혼식도 올립니다.

당시를 재현하듯 15명의 오슬로 필하모닉 단원들이 이 곡을 연주하고 있습니다. 이 작품은 풀 오케스트라 편성으로 많이 연주되고 있지만 가끔은 이렇게 당시의 편성대로 소규모로 연주됩니다. 이렇게 연주될 때의 큰 장점은 악기 하나하나의 소리를 더욱 잘 들을 수 있고 연주자 개개인의 기량도 매우 잘 드러난다는 것입니다. 편성이 작아졌지만 음악적으로는 어떠한 빈틈도 느껴지지 않습니다. 루체른 호숫가 저택의 아침, 잠결에 이 음악을 처음 접했을 코지마의 기분을 상상하며 들어 보세요.

음악 추천 | 김소라
글 | 김소라

작곡가 | Franz Liszt
곡명 | Liebestraum No. 3
연주자 | Khatia Buniatishvili

사랑할 수 있는 한 사랑하라

영상의 시작, 절도 있는 박수가 끝난 뒤 반짝이는 의상을 입은 연주자가 등장합니다. 곧이어 자신의 의상만큼 반짝이는 별들을 홀 안에 흩뿌리듯 아름답고 감미로운 선율을 연주합니다. 이곳은 베르비에 페스티벌이 열리는 아름다운 나라 스위스이고, 영상 속 아리따운 여인은 조지아 출신의 피아니스트 카티아 부니아티쉬빌리네요.

연주자와 연주 장소보다 우리를 더 사로잡는 것은 바로 영상 속에 흐르는 곡입니다. 이 곡은 많은 분들에게 익숙한 리스트의 〈사랑의 꿈〉입니다. 이 곡은 사실 프란츠 리스트가 자신의 가곡 세 곡을 피아노로 편곡해 완성한 세 개의 녹턴으로, 원래는 〈사랑의 꿈, 3개의 녹턴〉으로 불립니다.

1840년대 '리스토마니아(Lisztomania)'라는 신조어를 낳을 만

큼 폭발적인 인기를 누렸던 피아니스트 리스트는 작곡가로
도 활발한 활동을 전개했는데요. 그는 피아노 음악뿐 아니
라 가곡 작곡에도 손을 댔습니다. 그중 대표작이 독일의 혁
명 시인 프라일리그라트의 서정시 「오, 사랑이여」의 한 편에
곡을 붙인 것으로 각각은 '고귀한 사랑', '행복한 죽음', 그리
고 '사랑할 수 있는 한 사랑하라'의 제목이 붙어 있습니다.
'사랑할 수 있는 한 사랑하라'를 피아노 곡으로 편곡한 것이
바로 오늘날 우리에게 〈사랑의 꿈〉으로 알려져 있는 것이지
요. 이 곡은 시적인 사랑의 진실을 노래한 무언가(無言歌)로
곡에 담긴 사랑의 감격이 매우 깊은 인상을 줍니다.
리스트는 낭만주의 시대의 아이돌로 그 당시 어마어마한 인
기를 누렸다고 하는데요. 멋진 외모에 두말할 것도 없는 피
아노 연주 실력과 작곡 실력, 많은 여인들과의 염문설까지
유럽 전역이 그의 연애 사건으로 떠들썩할 정도로 화려한
삶을 살았습니다. 오늘은 그런 '로맨스'의 주인공이 작곡한
가장 '로맨틱'한 피아노 곡과 함께 안온한 하루 보내시길 바
랍니다.

음악 추천 | 안일구
글 | 박지혁

작곡가 | Philip Glass
곡명 | "Opening" from Glassworks
연주자 | Víkingur Ólafsson

〈글래스웍스〉 by 필립 글래스

오늘은 현대 음악을 준비해 보았습니다. 하지만 어렵지 않은 현대 음악이죠. 필립 글래스Philip Glass란 작곡가의 이름을 들으면 저는 글래스라는 성 때문인지 '유리' 혹은 '유리잔'이 생각나는데요. 우연의 일치로 이 곡은 맑고 깨끗한 유리잔에 여러 가지 빛이 통과하며 잔상을 남기듯, 피아니스트 비킹구르 올라프손의 부드럽고 섬세한 분위기로 따듯한 오후의 아련한 분위기를 담고 있습니다.

〈글래스웍스(Glassworks)〉는 1982년에 발표되었는데, 당시 유행한 소니의 휴대용 카세트 플레이어인 '워크맨'에 적합한 작품을 만들려는 시도로 짧고 접근하기 쉬운 곡들로 구성을 짰다고 합니다. 6악장으로 구성된 〈글래스웍스〉는 실내악 작품으로 다양한 악기로 작곡되었고, 그 중 'Opening'은 피아노로 연주되며 짧은 음악 여정의 시작을 알립니다. 이 작품은 작곡가의 참신한 접근으로 인해 대중적인 인지도를 쌓을 수 있었고, 20만 장의 판매고를 기록한 히트작이 되었습니다.

듣다 보면 간결하게 반복되는 리듬과 프레이징에 최면에 걸린 듯한 분위기를 만들어 내는데요. 이 기법은 미니멀리즘 기법으로, 소리의 움직임을 최소한으로 억제해 패턴화된 음악을 반복적으로 연주합니다. 필립 글래스는 이 작품을 통해 미니멀리즘을 대표하는 작곡가가 되었고, 그의 천재성은 다른 곡에서도 미니멀리즘을 통해 표현되었습니다.

이 영상의 재미있는 점은 1분 48초경에 들려오는 유리잔이 떨어지는 소리입니다. 앞에서 언급한 '유리잔'에 대한 인상 때문인지 마치 곡의 일부처럼 들립니다.

음악 추천 | 데얀 가브리츠
글 | 안일구

작곡가 | Wolfgang Amadeus Mozart
곡명 | Clarinet Quintet in A Major, K 581
연주자 | Sharon Kam, Schumann Quartett

황홀하게 아름다운 바셋 클라리넷

클라리넷 연주자 안톤 스타들러를 위해 작곡되어 스타들러 5중주라고도 불리는 곡입니다. 현악 4중주 편성에 클라리넷을 더한 형태로 모차르트가 이 악기를 위해 쓴 걸작 중 하나입니다. 모차르트의 곡 안에서 클라리넷은 유독 사람의 목소리를 닮아 있습니다. 협주곡에서와 마찬가지로 이 곡의 2악장에서도 호소력 짙은 아리아가 등장합니다.

이 곡은 지금은 A장조 클라리넷으로 자주 연주되지만 원래는 '바셋 클라리넷'을 위해 작곡되었다고 알려져 있습니다. 바셋 클라리넷은 안톤 스타들러가 사용하던 것으로 일반 클라리넷에 비해 저음이 보강된 클라리넷인데요. 당시 사용하던 클라리넷이 남아 있지 않기 때문에 제조사마다 다양한 복원 시도가 있었고, 그중 하나를 샤론 캄이 사용하고 있습니다. 그녀는 모차르트의 클라리넷 협주곡에서도 이 클라리넷을 사용해 사람들의 이목을 끈 바가 있습니다. 흔하지 않은 악기의 음색을 감상해 보는 것도 하나의 재미입니다.

샤론 캄의 클라리넷 연주 실력은 여전히 대단합니다. 자신이 사용하는 악기에 대한 이해와 모차르트 음악에 대한 이해를 바탕으로 풀어놓는 해석은 매 순간 감동적이기까지 한데요. 우리에게 들리는 음악은 자연스럽고 아름답지만 이렇게 들릴 수 있는 데에는 연주자들의 실력이 꼭 뒷받침되어야만 합니다. 슈만 콰르텟의 연주 또한 상당히 배려 깊고 섬세한 편이라서 모차르트의 음악이 맑고 순수하게 전해집니다.

이 곡이 작곡된 시기는 모차르트가 세상을 떠나기 2년 전인 1789년 가을입니다. 곡에는 당시 모차르트의 고통스럽고 힘들었던 개인 생활이 전혀 보이지 않습니다. 음악만큼은 아무런 걱정 없이 마치 수채화처럼 아름답게 펼쳐져 있습니다. 독일의 음악사학자인 헤르만 아베르트는 이 음악에 대해 맑게 갠 봄날 아침 같다고 표현하기도 했습니다. 2악장의 우수에 찬 듯한 클라리넷 소리만이 모차르트의 마음을 대변하고 있을지도 모르겠습니다.

음악 추천 | 안일구
글 | 박지혁

작곡가 | Arvo Pärt
곡명 | Spiegel im Spiegel
연주자 | Ji Yoon Park, Catherine Cournot

무한하게 펼쳐진 거울 사이의 공간

여러분은 거울 속에 비친 거울을 보며 무한한 공간을 느껴 본 적 있으신가요? 더욱 깊숙이 들여다보면 점점 아득해지며 끝없이 펼쳐진 무한한 공간을 마주하게 됩니다. 아르보 패르트의 〈거울 속의 거울(Spiegel im Spiegel)〉이란 곡은 바이올린과 피아노를 위해 작곡되었는데 무한하게 반사되며 복제되는 공간을 미니멀리즘 기법으로 표현했습니다. 피아노는 오로지 3개의 음만을 연주하고 바이올린은 긴 음만 연주하는 단순한 곡이지만 영적으로 엄청난 깊이를 선사합니다. 그 이유는 독실한 신자인 아르보 패르트가 지적인 복잡함보다 영적 감수성을 추구하며 곡을 작곡했기 때문입니다.

그만의 기법인 틴틴나불리(Tintinnabuli)는 라틴어로 '작은 종을 울리다'라는 뜻으로 단순하고 반복되는 작은 종소리처럼 피아노에 적용되었습니다. 또한 10분이 넘는 시간 동안 반음계가 전혀 들어가지 않았다는 점도 놀랍습니다. 그렇기 때문에 순수하고, 맑은 소리만을 만들어 내며 듣는 이로 하여금 차분하게 무한한 거울 사이의 공간을 느끼게 합니다. 피아니스트 캐서린 쿠르노는 유리처럼 맑고 단단한 종소리를 완벽하게 구현하며 거울과 거울 사이의 공간을 만들었고, 바이올리니스트 박지윤은 피아노가 만들어 낸 거울의 무한한 차원 속으로 빨려 들어가는 인간의 의식을 긴 음으로 표현한 것처럼 느껴집니다. 단순함을 표현하는 것은 모든 예술가에게 가장 어려운 과제입니다. 이를 완벽하게 해낸 두 연주자의 음악을 함께 들어 보시면 좋겠습니다.

음악 추천 | 조민석
글 | 안일구

작곡가 | Gustav Mahler
곡명 | Symphony No.9, 4th mvt
연주자 | Mariss Jansons, Symphonieorchester des Bayerischen Rund-
funks

모두를 펑펑 울린 영상

12월 1일에는 이 분의 영상을 보지 않을 수가 없습니다. "이 영상은 제가 보고 펑펑 울었던 처음이자 마지막 영상입니다." 이 곡을 추천한 조민석 큐레이터의 말입니다. 그는 독일 뮌헨에서 공부하며 가장 좋았던 점이 바이에른 방송 교향악단의 연주와 마리스 얀손스의 지휘를 자주 그리고 가까이 접할 수 있는 점이었다고 합니다.

2019년 12월 1일, 바이에른 방송 교향악단의 공식 유튜브에 이 영상이 업로드되었을 때 가슴이 철렁 내려앉은 기억이 저도 생생합니다. 그들은 말러의 교향곡 9번 중 마지막 4악장으로 지휘자 얀손스를 추모하고 있습니다. 그 외에도 전 세계의 모든 음악 애호가와 음악 단체는 일제히 고인의 명복을 빌었고 추모 연주회를 열었습니다. 그제서야 우리가 얼마나 위대한 지휘자와 함께 살고 있었는지 와닿았죠.

말러의 교향곡 9번은 자필 악보 위에 남겨진 이별을 암시하는 말러의 메모로 인해 '죽음의 교향곡'이라고 불립니다. 실제로 이 곡을 작곡하던 1909년 즈음에 말러는 심각한 심장병을 앓고 있었습니다. 게다가 베토벤, 브루크너, 드보르자크가 교향곡 9번을 작곡한 후 세상을 떠났기 때문에 말러의 마음은 교향곡 9번을 쓰며 거의 죽음의 문턱 앞에 있었을 것입니다.

그러나 얀손스가 지휘하는 말러의 9번 교향곡 중 4악장의 마지막을 듣고 있으면 죽음이 꼭 우리가 생각하는 암울한 모습은 아닐지도 모른다는 생각이 문득 듭니다. 마음이 정화되는 듯 따뜻하게 들려오는 오케스트라의 사운드와 마지막까지 이어지는 현악기의 연주에서는 분명 찬란한 빛이 보입니다. 이는 거장 얀손스의 표정에서도 분명하게 느낄 수 있습니다.

우리가 사랑했던 지휘자 마리스 얀손스는 어쩌면 훨씬 더 좋은 곳에 먼저 도착해 우리를 기다리고 있을지도 모르겠습니다.

음악 추천 | 데얀 가브리츠
글 | 박지혁

작곡가 | Antonio Vivaldi
곡명 | La Folia("Madness"), Trio sonata in d minor, RV 63 (arr.Sorrell)
연주자 | Apollo's Fire, The Cleveland Baroque Orchestra

〈라 폴리아〉, 광기를 담은 바로크 음악

비발디가 작곡한 곡 중 강렬한 현의 움직임을 담은 곡들을 좋아합니다. 수많은 바로크 곡 중에 비발디의 곡을 듣는 이유는 아무래도 현악기에서 연주되는 뜨거운 열정 때문이겠지요. 슬픈 느낌을 주는 단조로 시작되는 이 곡은 비발디의 〈라 폴리아(La Folia)〉입니다. '라 폴리아'는 광기 혹은 어리석음이라는 뜻을 가지고 있어요.

바로크 시대의 음악을 자주 접하는 분들은 반복되는 저음 멜로디가 변주되는 춤곡 형식인 '샤콘느' 혹은 '파사칼리아'를 아실 텐데요. 〈라 폴리아〉도 비슷한 형식을 가지고 있습니다. 이 곡은 16세기부터 연주되었으며, 17세기에 와서 장 바티스트 륄리Jean-Baptiste Lully라는 작곡가 덕분에 지금 우리가 듣는 형식으로 만들어졌습니다. 〈라 폴리아〉의 주 선율은 현대에까지 사랑을 받아 리스트나 라흐마니노프와 같은 낭만파 작곡가들도 이 멜로디를 이용해 작곡하기도 했습니다. 처음에 단조의 슬픈 주제가 연주되고 점점 변주를 통해서 다양한 분위기를 자아냅니다. 느리고 서정적이다가 갑자기 빠르고 광적인 춤의 느낌을 보여 주는 게 매력입니다. 첫 주제에서 나왔던 선율이 어떻게 변주되는지 귀로 따라 들어 보면 더욱 이해가 될 것이라 생각합니다.

오늘 소개하는 곡은 비발디가 3대의 악기(두 대의 바이올린과 바소 콘티누오)를 위해서 작곡한 트리오 소나타를 편곡하여 바로크 오케스트라 버전으로 연주됩니다. 바로크 바이올린은 현대 바이올린과는 살짝 다른 활 사용법으로 더 고급스럽고 자연스러운 움직임을 보여 줍니다. 연주 중간중간 재치 있는 무대 연출도 나오니 즐겁게 감상해 보세요.

이 영상이 유명한 이유는 또 있는데요. 5분 30초경 수석 첼리스트의 활이 툭 끊어지고 맙니다. 그런데 바로 옆의 여성 첼리스트는 자신의 활을 줄 생각이 없죠. 대신 수석이 연주하던 파트를 곧바로 이어서 거의 공백 없이 연주하며 바이올린 솔로들을 뒷받침합니다. 이후 수석 첼리스트는 크게 당황하지 않고 자연스럽게 활을 바꿔서 끝에는 다시 완전체가 되는데요. 정말 보기 드문 멋진 장면입니다.

음악 추천 | 김소라
글 | 김소라

작곡가 | Robert Schumann
곡명 | "Traumerei" from Kinderszenen Op. 15
연주자 | Vladimir Horowitz

과거와 현재의 따스함이 교차하는 순간

'Traum'이라는 단어는 독일어로 '꿈'을 지칭하는데요. 〈트로이메라이(Träumerei)〉는 바로 이 단어에서 파생된 것으로 '꿈을 꾸다'라는 뜻입니다. 이 곡은 독일의 작곡가 슈만이 1838년에 작곡한 《어린이의 정경》 중 일곱 번째 작품입니다. 《어린이의 정경》은 총 13개의 소품곡으로 이루어져 있는데요, 천진난만한 어린이의 세계를 표현했다고 합니다.

이 곡이 쓰일 당시 슈만은 클라라와 사랑에 빠지고 스승인 비크와 갈등을 겪습니다. 클라라의 아버지이기도 했던 비크는 피아노 영재이자 미성년자인 클라라를 9살이나 많은 슈만이 사랑하는 것을 두고 격렬히 반대했습니다. 이에 슈만은 미래의 장인어른과 법적인 다툼까지 하는데요. 이 싸움은 21세가 된 클라라가 슈만과 결혼하면서 끝이 납니다.

곡의 배경이 된 사랑 이야기가 격렬하긴 하지만, 곡 자체는 매우 평온하고 잔잔한데요. 그래서인지 정말 '열렬하게' 클라라를 사랑했던 슈만의 마음, 날것 그대로의 마음이지만 그랬기 때문에 더 순수했던 슈만의 사랑이 곡에 묻어 있는 듯합니다.

유명한 곡인 만큼 여러 버전이 있지만 많은 이들에게 여전히 회자되는 장면은 전설적인 피아니스트 블라디미르 호로비츠의 연주입니다. 영상은 1986년 모스크바에서의 연주를 담고 있는데요. 호로비츠의 담담한 연주와 이를 듣고 눈물을 흘리는 노신사의 모습(1분 35초경)이 명장면으로 뽑힙니다.

곡에 아름답고 순수한 사랑을 담은 슈만, 그리고 그것을 천상의 아름다움으로 연주해 낸 호로비츠. 과거와 현재의 순수함과 따스함이 교차하는 이 곡과 함께 평안하고 따뜻한 하루 되시길 바라겠습니다.

음악 추천 | 조민석
글 | 김소라

작곡가 | Sergei Rachmaninoff
곡명 | Symphony No.2 (Adagio)
연주자 | WDR Sinfonie Orchestra, Semyon Bychkov

'낭만' 음악의 힘

잠시 눈을 감고 곡의 선율에 몸을 맡겨 보세요. 살랑거리는 봄바람이 사랑의 노래를 속삭이며 우리 곁을 스쳐 지나는 듯한, 혹은 밤중에 흐르는 은하수의 별빛이 우리를 따스히 감싸 안는 듯한 느낌이 들지 않나요? 우리를 포근함 속에 새근거리게 하는 이 작품은 바로 라흐마니노프 교향곡 2번 3악장입니다.

그의 피아노 협주곡이 너무나 유명한 나머지 교향곡은 그만큼 잘 알려지지 않은 경우가 많은데요. 라흐마니노프는 생전 세 편의 교향곡을 작곡했으며, 그 중에서도 2번은 차이콥스키 교향곡의 뒤를 잇는 러시아 낭만주의 교향곡의 최대 걸작으로 꼽힙니다. 3악장 아다지오는 러시아 후기 낭만주의를 대변하는 명선율로 유명하지요.

라흐마니노프가 교향곡 1번의 실패로 좌절의 시간을 보낸 뒤 니콜라이 달 박사의 치료 덕분에 피아노 협주곡 2번으로 재기한 것은 매우 유명한 일화죠. 그는 자신감을 완전히 회복해 볼쇼이 극장의 지휘자를 거쳐 1906년 겨울부터 1909년 봄까지 드레스덴에 머물며 작곡에만 전념했는데요. 이 작품은 이때 탄생한 명작 중 하나입니다.

이 작품을 추천한 조민석 첼리스트는 악장 전체를 감싸는 클라리넷의 선율과 끊어질 듯하지만 끊어지지 않고 이어지는 라흐마니노프식의 이야기를 들려주는 방식이 우리를 가장 행복했던 한 시절로 돌아가게 만든다고 했습니다. 여기에 덧붙여 고전, 현대 음악도 우리에게 즐거움을 주지만, 많은 생각을 할 필요 없이 그저 음악에 몸을 맡기기만 하면 되는 것이 바로 이 낭만 음악의 힘이라고 말했습니다.

작품을 통해 여러분은 어떤 시절로 시간 여행을 떠나게 되었나요? 이 답은 모두 다를 것 같은데요. 그저 생각을 비우고, 포근한 선율에 모든 것을 맡기고, 각자의 삶에서 눈물이 흐를 정도로 가장 아름다웠던 순간을 추억하며 몸도 마음도 쉬어 가는 15분이 되길 바라겠습니다.

음악 추천 | 안일구
글 | 안일구

작곡가 | Ludwig van Beethoven
곡명 | Symphony No. 9
연주자 | Klaus Mäkelä, Oslo Philharmonic

메켈레가 오슬로에서 펼친 〈합창〉

'베토벤 9번 교향곡 〈합창〉을 유튜브로 본다면?' 저는 무조건 이 영상을 꼽고 싶습니다. 클라우스 메켈레와 오슬로 필하모닉의 연주, 뛰어난 합창과 솔리스트, 영상과 사운드의 퀄리티까지 빠지는 부분이 없는 고마운 영상입니다.

베토벤은 청력을 완전히 잃은 상태에서 이 위대한 곡을 완성했습니다. 초연은 1824년에 이루어졌습니다. 그러나 한참 전인 1792년 22세의 젊은 베토벤은 이미 프리드리히 실러의 시에 감동해 이에 음악을 붙이기로 다짐합니다. 어릴 때부터 마음에 품은 일생일대의 목표는 무려 30여 년이 흐른 뒤 교향곡 9번으로 세상에 나오게 됩니다.

앞서 완성한 교향곡 8개 또한 하나하나가 엄청난 파격이고 도약이었지만 9번 교향곡은 더욱 특별합니다. 악기 편성을 크게 확대했고, 곡 전체의 길이 또한 1시간을 넘죠. 그리고 소프라노, 알토, 테너, 바리톤 각각 1명의 독창자와 거대한 합창단이 오케스트라와 함께합니다. 편성만 봐도 가슴이 뜨거워집니다.

장대한 1악장, 눈부신 스케르초를 가진 2악장, 따뜻하고 숭고한 느낌을 주는 3악장을 지나면 음악은 4악장에 도착합니다. 4악장까지 오면 리듬, 화성, 형식 같은 건 더 이상 생각할 겨를도 없습니다. 베토벤이 만든 거대한 음악의 소용돌이가 우리를 덮쳐 버립니다. 오케스트라의 강렬한 패시지로 시작해, 곧이어 저음 현악기의 목소리가 울부짖습니다. 오케스트라가 충분히 초석을 다지고 나면 드디어 사람의 목소리가 교향곡에 숨을 불어넣습니다. '오, 친구들이여! 이런 소리가 아닌, 더 즐겁고 기쁨에 찬 노래를 부르자.' '모든 사람은 서로 포옹하라!' 등의 가사를 가진 〈환희의 송가〉는 전 인류가 화합할 것을 요구하고 있습니다.

주로 12월이 되고 해가 바뀔 때, 우리는 공연장을 찾아서 베토벤 9번 〈합창〉을 듣게 되는데요. 뜨거운 에너지를 듬뿍 받을 수 있는 곡이기 때문에 기회가 된다면 꼭 라이브 공연을 보길 바랍니다. 그러나 혹시 공연장을 찾지 못하는 분들은 오늘 추천해 드리는 메켈레와 오슬로 필하모닉의 연주로 위안을 삼으셔도 좋을 것 같습니다.

음악 추천 | 박지혁
글 | 박지혁

작곡가 | Maurice Ravel
곡명 | Ma Mère l'Oye
연주자 | Lucas & Arthur Jussen

유려한 유센 형제의 네 손

너무나도 닮은 두 남자가 피아노 앞에 앉아 연주를 시작합니다. 이들은 2014년 한국에 내한하여 듀오 리사이틀을 펼친 네덜란드 출신의 형제 피아니스트 루카스 유센과 아르투르 유센입니다. 형제는 엄청난 실력으로 도이치 그라모폰과 여러 장의 앨범을 냈고, 스타인웨이 아티스트로도 활동하고 있습니다.

훌륭한 연주자들이 네 손을 위한 피아노 곡의 연주를 해 왔지만, 특히 유센 형제는 마치 한 명의 피아니스트가 연주하듯이 음악의 흐름과 표현이 합일되어 경이로운 경험을 안겨 줍니다. 형제의 움직임과 표정의 변화를 보다 보면 시간의 흐름도 잊은 채 몰입되어 연주를 감상하게 됩니다. 특히 5분 12초경 신들린 몰입을 보여 주는 두 사람의 모습은 두 마리의 백조가 아름답게 물 위에서 자연을 즐기는 것처럼 보입니다.

단순하며 아름다운 연주곡은 프랑스 작곡가 모리스 라벨 Maurice Ravel의 《어미 거위 모음곡(Ma Mère l'Oye)》인데요. 라벨은 프랑스의 17~18세기 여러 어린이 동화에서 영감을 받아 어린이를 위한 5개의 소품곡을 완성했습니다.

5개의 소품곡은 '잠자는 숲 속의 미녀 파반느', '난쟁이', '파고다의 여왕 레드로네트', '미녀와 야수의 대화', '요정의 정원'이라는 제목을 가지고 있는데요. 재미있는 사실은 어린이 피아니스트 잔느 를뢰와 제네비브 듀로니의 연주로 초연이 되었다는 사실입니다. 이 곡은 나중에 관현악곡과 발레곡처럼 더 큰 편성으로 편곡되며 많은 사람에게 사랑을 받았습니다.

음악 추천 | 유정우
글 | 안일구

작곡가 | Engelbert Humperdinck
곡명 | "Abendsegen" from Hänsel und Gretel
연주자 | Albrecht Mayer, The King's Singers

헨젤과 그레텔의 저녁 기도

〈Abendsegen〉은 저녁 기도라는 뜻입니다. 훔퍼딩크 Engelbert Humperdinck의 오페라 《헨젤과 그레텔》에 등장하는 가장 아름다운 곡이죠. 헨젤과 그레텔은 숲에서 길을 잃고 헤매다가 잠의 요정의 도움을 받아 잠들게 되는데 그때 흘러나오는 곡입니다. 12명의 천사가 헨젤과 그레텔을 보호해 줄 것이라는 참 예쁜 노랫말을 가지고 있습니다.

오페라 《헨젤과 그레텔》은 그림 형제의 동화를 바탕으로 했고 아름다운 결말까지 갖추고 있어서 크리스마스 시즌이 되면 여러 나라의 오페라 무대에 오릅니다. 덕분에 《헨젤과 그레텔》의 대표곡인 〈저녁 기도〉를 들으면 '크리스마스 시즌이 왔구나'라는 생각을 하게 됩니다.

원래 이 곡은 오케스트라 반주에 맞춰 헨젤과 그레텔의 이

중창으로 펼쳐지는데요. 오늘은 조금 특별한 버전입니다. 오보이스트 알브레히트 마이어의 동그랗고 따뜻한 소리가 최고의 아카펠라 그룹 킹스싱어즈와 함께합니다. 도입부와 중간에 등장하는 오보에 선율은 이 버전에서만 들을 수 있는데 무척이나 아름답습니다.

오보에 선율 위에 킹스싱어즈가 목소리로 화성을 만들 때 저는 마치 오르간을 듣는 듯한 착각을 했는데요. 그만큼 완벽한 조화와 부드러운 사운드를 들려줍니다. 이후에는 오히려 킹스싱어즈가 곡을 이끌어 가고 오보에의 선율이 반주를 하고 있습니다. 입가에 미소가 절로 번지는 곡 〈저녁 기도〉를 감상해 보세요.

저녁나절, 잠자리에 들면
열 넷의 천사들이 나를 지켜 주네.
둘은 내 머리맡, 둘은 내 발쪽에,
둘은 왼손 편, 둘은 오른손 편,
둘은 이부자리를 챙겨 덮어 주며,
둘은 아침이면 나를 깨워 주고,
마지막 둘은 나에게 일러 준다네.
하늘나라의 낙원으로 향하는 길을.

음악 추천 | 데얀 가브리츠
글 | 안일구

작곡가 | Wolfgang Amadeus Mozart
곡명 | Ave verum corpus, K. 618
연주자 | Víkingur Ólafsson

모차르트가 건넨 음악 선물

〈아베 베룸 코르푸스(Ave verum corpus)〉는 원래는 중세의 모테트입니다. 라틴어 가사는 인간을 위한 신의 희생과 구원을 노래하고 있습니다.

1791년 모차르트의 아내 콘스탄체는 아이를 갖게 되면서 남편과 떨어져 빈 근교의 휴양지에 머물렀습니다. 이런 상황에서 아내를 여러모로 잘 돌봐 준 사람이 있었는데 바로 합창단 지휘자였던 안톤 시톨이었습니다. 그를 위해 모차르트가 선물한 곡이 바로 〈아베 베룸 코르푸스〉입니다. 짧고 단순하지만 그 깊이는 헤아리기 힘들 정도로 깊습니다.

이 엄청난 음악을 좋아한 사람이 또 있었는데 바로 프란츠 리스트입니다. 리스트는 이런 명곡을 발견하면 결코 지나치지 않고 피아노 버전으로 만들어 놓는 훌륭한 분이죠. 리스

트 버전을 연주하는 사람은 아이슬란드 출신의 피아니스트
비킹구르 올라프손입니다.
올라프손은 어떤 음악을 만나도 그 곡과 깊은 대화를 나눈
것이 소리로 강하게 느껴지는 연주자입니다. 중세부터 이어
져 모차르트와 리스트를 거친 〈아베 베룸 코르푸스〉를 올라
프손의 해석으로 한번 들어 보세요.

음악 추천 | 유정우
글 | 안일구

작곡가 | Johann Sebastian Bach
곡명 | Magnificat BWV 243
연주자 | Emmanuelle Haïm, Concert D'Astrée, hr-Sinfonieorchester, Emőke Baráth, Lea Desandre, Damien Guillon, Patrick Grahl, Victor Sicard

마리아의 마음이 담긴 음악

보석 같은 유튜브 채널 'hr-sinfonieorchester'에 남겨진 보석 같은 음악을 소개합니다. 바로크 작품을 연주할 때 완전한 시대 악기를 사용하는 것도 좋아하지만 현대 악기 연주자들의 연주를 조금 더 좋아하는 편입니다. 연주의 완성도가 높고 귀에 크게 이질감이 없어서 듣기가 편하거든요.

물론 팀파니, 쳄발로, 트럼펫 등의 악기가 바로크 물감이 듬뿍 들어간 색깔을 내고 있습니다. 게다가 지휘자는 무려 에마뉘엘 아임입니다. 프랑스의 지휘자이자 쳄발로 연주자로 바로크 음악 연주 단체인 르 콩세르 다스트레를 이끌고 있습니다. 이 단체는 베를린 필하모닉과 같은 악단과의 협업도 많이 하고 있습니다.

‘마니피카트’라는 어려운 제목을 설명하기 위해 누가복음 1장 제46절부터 55절을 살펴볼까요? 수태 고지를 받은 마리아는 세례 요한을 잉태한 친척 엘리사벳을 문안 방문하고 이에 감복한 엘리사벳은 마리아를 축복합니다. 마리아는 ‘내 영혼이 주님을 찬양하며 구세주 하느님을 생각하는 기쁨에 이 마음이 설렙니다’라고 응답하는데 이 찬가의 라틴어 표기가 ‘Magnificato anima mea Dominum’입니다. 이 문장의 첫머리인 ‘마니피카트’를 제목으로 삼은 것이죠.

바흐는 1723년 7월 2일, 복되신 동정 마리아의 방문 축일을 위해 〈마니피카트(Magnificat)〉를 작곡했고 라이프치히에서 초연했습니다. 전체가 12곡으로 구성된 이 곡을 바흐는 1723년 성탄 오후 예배를 위해서 다시 연주했고 1730년에 다시 한번 개작했습니다. 특히 각별한 아름다움을 지닌 세 번째 곡, 소프라노 아리아 〈주께서 비천한 여종을 돌보셨습니다.(Quia respexit humilitatem)〉에서의 애절한 오보에 다모레 오블리가토 연주를 주목해 보세요.

음악 추천 | 조민석
글 | 김소라

작곡가 | Pyotr Ilyich Tchaikovsky
곡명 | Nussknacker-Suite Op. 71a
연주자 | hr-Sinfonieorchester, Michał Nesterowicz

화려함 뒤에 감춰진 진한 그리움

영상 속에 흘러나오는 곡은 프랑크푸르트 라디오 교향악단이 연주하는 《호두까기 인형》 모음곡입니다. 독일 작품 『호두까기 인형과 생쥐 대왕』을 원작으로 하는 《호두까기 인형》은 차이콥스키의 음악이 극 전반에 흐르기에 《잠자는 숲 속의 미녀》,《백조의 호수》와 더불어 '차이콥스키 발레 3대장'이기도 하고, 또 연말마다 매년 올라오는 레퍼토리인 만큼 클래식계에서는 베토벤의 〈합창〉, 오페라계에서는 슈트라우스의 《박쥐》와 더불어 '연말 공연 3대장'이기도 합니다.

대부분의 클래식 공연이 만 8세 이상부터 입장이 가능한데 반해, 《호두까기 인형》은 48개월 이상부터 입장이 가능합니다. 그래선지 어린아이들의 눈높이에 걸맞게 화려하고 귀여운 무대와 의상, 안무 등으로 '《호두까기 인형》은 예쁘고 아기자기한 작품'이라는 인상을 주는데요. 사실 이 작품에는 음악가인 차이콥스키와 안무가인 마리우스 프티파, 두 사람 모두의 그리움과 슬픔이 서려 있습니다.

먼저 차이콥스키는 1876년 《백조의 호수》, 1890년 《잠자는 숲 속의 미녀》 등의 발레 음악을 제작하고 1892년에 세 번째 이자 마지막으로 《호두까기 인형》을 제작하게 됩니다. 그러던 중 여동생 알렉산드라가 사망했다는 소식을 듣게 되는데요. 그 충격으로 차이콥스키는 작곡도 잠시 중단합니다. 그래서 《호두까기 인형》의 곡 대부분이 밝고 아기자기하지만 2막의 〈파드되〉는 차이콥스키가 그의 여동생을 떠올리며 쓴 곡이기에 그 어느 곡들보다 아름다우면서도 바이올린의 연주로 하강하는 음계가 우울한 분위기를 자아냅니다.

한편 안무가 프티파 역시 이 작품의 안무를 제작하던 도중 두 번째 결혼에서 얻은 둘째 딸 에브게니아를 잃습니다. 그는 딸을 잃은 슬픔과 건강 악화로 조수 이바노프에게 안무를 넘기게 되는데요. 그 후 정원을 산책하던 프티파는 금잔화를 발견하고, 그 꽃을 딸이 떠난 후 피어난 꽃이라 생각해 2막 〈꽃의 왈츠〉의 주인공인 꽃을 금잔화로 설정했다고 합니다.

한 편의 발레 작품을 만들어 내는 데는 무대에 드러나는 춤과 의상, 소품 등의 디자인뿐만 아니라 그 아래 피트에서 극

전반을 이끌어 가는 음악이 함께합니다. 오늘은 무대 위로
올라온 오케스트라를 통해 무용수의 움직임보다 더 춤 같
은 지휘자의 동작, 관객들보다 더 화사한 음악가들의 표정
에 주목해 보는 건 어떨까요? 더불어 화려하고 발랄한 작품
《호두까기 인형》, 그 뒤에 감춰진 진한 그리움과 슬픔도 함
께 느껴 보면 좋겠습니다.

하루 하나 클래식 100

초판 1쇄 발행 2024년 6월 30일
초판 3쇄 발행 2024년 8월 31일

지 은 이   안일구, 김소라, 박지혁, 유정우, 조민석, 데얀 가브리츠
펴 낸 이   한승수
펴 낸 곳   문예춘추사

편   집   구본영
디 자 인   박소윤
마 케 팅   박건원, 김홍주

등록번호   제300-1994-16
등록일자   1994년 1월 24일
주   소   서울특별시 마포구 동교로 27길 53, 309호
전   화   02 338 0084
팩   스   02 338 0087
메   일   moonchusa@naver.com

I S B N   978-89-7604-667-3 03670